Max Thürkauf
Die Gottesanbeterin

GOTT stirbt nicht an dem Tag, an dem wir aufhören, an einen persönlichen Gott zu glauben. Aber wir sterben an dem Tag, an dem wir nicht mehr durchdrungen werden von dem immer wieder neuen Glanz des Wunders, das höher ist als alle Vernunft, nämlich dass Gott in Jesus Mensch wurde.

Dag Hammarskjöld,
ehemaliger Generalsekretär der UNO

HMK 7772 Uhldingen Postfach

Hebr. 13.3
Vergiß nicht bekennende
und leidende Christen in
sozialistischen Ländern!

VVV
VIA·VERITAS·VITA

Basel nach der Zeit der Gründung der von Papst Pius II. gestifteten Universität, an der Adolf Portmann als Biologe gewirkt hat und wo Max Thürkauf heute über erkenntnistheoretische, philosophische und religiöse Fragen der modernen Naturwissenschaft doziert. Alter Stich um 1622.

Max Thürkauf

Die Gottesanbeterin

Zwei Naturwissenschaftler
auf der Suche nach Gott

CHRISTIANA-VERLAG STEIN AM RHEIN

Max Thürkauf, geb. 1925, ist Dr. phil. und Professor für physikalische Chemie an der Universität Basel. Während mehr als zehn Jahren war er auf dem Gebiet der Atomenergiegewinnung in Forschung und Industrie tätig. Für Arbeiten, die im Bereich der Isotopentrennung und der Massenspektroskopie lagen, wurde ihm 1963 für die Herstellung von schwerem Sauerstoff der RUZICKA-Preis verliehen. Weitere Arbeitsgebiete im Umfeld der physikalischen Chemie waren die Elektronenmikroskope grosser Moleküle sowie chemische Thermodynamik und Reaktionskinetik. Heute umfasst seine akademische Forschungs- und Lehrtätigkeit erkenntnistheoretische, philosophische und religiöse Fragen der modernen Naturwissenschaft.

Bildlegenden und Photonachweis:
Erste Umschlagseite: Der Autor im Gespräch mit seinem Lehrer und nachmaligen Amtskollegen Prof. Adolf Portmann, Basel (rechts Adolf Portmann, links Max Thürkauf). Photo: Inge Hugenschmidt, Basel.

1. Auflage 1984: 1.–10. Tausend
© CHRISTIANA-VERLAG
  CH-8260 Stein am Rhein / Schweiz
Druck: Schmid-Fehr AG, Druckerei, 9403 Goldach SG
Printed in Switzerland
ISBN 3 7171 0854 9

INHALT

Mit Inge
Adolf Portmann zum Gedächtnis
und Frau Marianne New zum Dank
für die treue Hilfe
mit der sie dem grossen
Gelehrten
in seinen späten Jahren
zur Seite stand

MAGNA RES EST AMOR

Dieses Buch ist ein Bekenntnis der Liebe zu Gott und den Menschen und zu der ganzen Schöpfung; der Liebe zur Botschaft Christi, zu seiner Kirche und zur Wissenschaft. Ich bin mit Leib und Seele Christ und Naturwissenschaftler. Als solcher bin ich den Priestern Christi dankbar für die grossen Opfer, zu welchen sie die Gnade des Sakraments der Priesterweihe verpflichtet. Es gibt nichts Schwereres und nichts Sinnvolleres auf Erden, als Priester Christi zu sein. Ein sinnvolles Leben ist immer schwer, weil der tiefste Sinn des Lebens die Früchte des Leidens sind: die Verklärung in der Vereinigung mit den Leiden Christi, der Weg von Golgatha zum neuen Himmel und zur neuen Erde. Den Menschen, welche als Priester und Ordensleute ihr Leben Christo weihen, gebührt höchste Achtung und Ehrfurcht vor ihrer spirituellen Würde.

Die Kritik in diesem Buch ist eine Kritik der Liebe. Die Härte gilt nicht der Naturwissenschaft, sondern deren Missbrauch im naturwissenschaftlichen Materialismus und den daraus hervorgegangenen Ideologien. Die Kritik gilt nicht der Theologie, sondern einer Theologie ohne Gebet. Beide, Naturwissenschaft ohne Gebet und Theologie ohne Gebet, sind Wege, die von Gott wegführen. In beiden Fällen siegt der Hochmut aus Mangel an Mut zur Demut. Die intellektuelle Eitelkeit der Wissenschaftler ist abstossend, aber am schlimmsten ist der Theologenhochmut: Die Theologenstreitereien haben die Herde entzweit, welche Christus seinen Priestern anvertraut hat. Dieser Verführung gilt die Härte meiner Kritik. Immer im Bewusstsein, dass es nichts Schwereres gibt, als Priester Christi zu sein, beklage ich als Naturwissenschaftler die Entzweiung; ich blöke sozusagen als ein Schaf der entzweiten Herde.

Die Angst vor dem «Gott der Theologen»

Der grosse Mathematiker, Naturwissenschaftler und Philosoph Blaise Pascal (1623–1662) wird das religiöse Genie im Frankreich des 17. Jahrhunderts genannt. Ein Meister der Ratio, der er als Mathematiker war, stellte er die «logique du cœur», die Herzenslogik, über alle anderen Erkenntniskräfte des Menschen – die Seele über den Geist. Entschlossen wandte sich Pascal gegen den Begründer des Rationalismus, seinen älteren Zeitgenossen René Descartes (1596–1650), der die Kopflogik zum Brennpunkt der Erkenntnis machen wollte. Mit seiner Herzenslogik kämpfte der Naturforscher Blaise Pascal gegen eine Mechanisierung der Natur, bei der Descartes soweit ging, dass er den Tieren eine Beseelung absprach und sie zu Mechanismen erniedrigte. Mit dem Herzen sah Pascal die Konsequenzen solchen Denkens. Da, mechanistisch gesehen, kein grundsätzlicher Unterschied zwischen dem Körper eines höheren Wirbeltiers und dem menschlichen Leib besteht, ist die Entseelung des Menschen bei einer solchen Betrachtungsweise nur noch eine Frage von hinreichender Frivolität gegenüber der Menschenwürde. Weil die Menschenwürde durch die Ebenbildschaft in Gott begründet ist, handelt es sich um eine Frage der hinreichenden Entfernung von Gott – also der Gottlosigkeit. Der Hochmut der alten ersten Sünde, die uns vererbt wurde – die Erbsünde –, flüsterte dem Kopf ein, dass er klüger sei als das Herz, und die Wissenschaft stellte sich über den Glauben. Der Sieg des Rationalismus wurde Aufklärung genannt, ein Zustand der Geistesgeschichte, in welchem ein Jahrhundert nach Pascal und Descartes deren Landsmann Julien Offray de Lamettrie (1709–1751) mit etwas berühmt geworden ist, das im heutigen Materialismus sozusagen zur Schulweisheit gehört: Er erklärte den Menschen mit seinem Buch «L'homme machine» zu einer – wenn auch komplizierten – Maschine. Der Frivolität zur Entwürdigung des Menschen sind im Materialismus keine Grenzen gesetzt. Der 1904 geborene Harvard-Professor Burrhus Frederic Skinner konnte das bis jetzt Erreichte im Titel eines Bestsellers zusammenfassen: «Jenseits von Freiheit und Würde».[1] Das Herz, für Blaise Pascal Quelle seiner tiefsten Logik, wurde zu einer blossen Blutpumpe erklärt. Die materialistischen Physiologen lächeln über die Meinung, dass das Herz mehr sei als ein Hohlmuskel zum Antrieb des Blutkreislaufes. Niemand zweifelt daran, dass das Herz das auch ist. Dasselbe gilt für den Blutkreislauf; gewiss ist er ein Träger des Stoffwechsels – aber er ist eben mehr als das: Aus dem Herzen strömt die Liebe mit dem Blut in den ganzen Körper und in die Arme, die zu umarmen vermögen. Die Materialisten können sich mit ihrem ausschliesslich physikalisch-chemischen Denken nicht vorstellen, wie im Herzen Liebe entstehen soll. Dabei vergessen sie, dass sie sich mit eben demselben Denken auch nicht vorstellen können, wie im Gehirn dasjenige entstehen soll, das denkt: ihr Geist. Aber beim Gehirn zweifeln sie nicht daran, dass dieses Organ Ursache des Geistes sei. Es sind zwei Gruppen von Menschen, die an den Materialismus glauben: Solche, die ausschliesslich physikalisch-chemisch denken, und solche, die nicht physikalisch-chemisch zu denken vermögen. Zu den ersteren gehören die materialistischen Naturwissenschaftler, zu den letzteren die materialistischen Psychologen und neuerdings die kryptomaterialistischen Theologen. Die Kurzschlüssigkeit des materialistischen Denkens beruht darauf, dass diese Organe als die Produzenten von geistigen beziehungsweise seelischen Dimensionen angesehen werden. Herz und Hirn sind eben nicht Erzeuger, sondern Organe der Übertragung von geistigen und seelischen Dimensionen menschlicher Individualität in die Sinnenwelt.

Blaise Pascal war zutiefst Christ, während René Descartes (jedenfalls was seine Philosophie betrifft) trotz oder vielleicht – wie es schon oft durch die Unzulänglichkeit religiöser Erzieher geschehen ist – wegen seiner Ausbildung bei den Jesuiten von La Flèche nur an der Oberfläche Christ gewesen ist. Es ist bemerkenswert, dass Pascal als Begründer der Wahrscheinlichkeitsrechnung in seinen «Lettres provinciales» die Jesuiten seiner Zeit wegen ihres Probabilismus angegriffen hat. Mit dem Probabilismus lehrten die Jesuiten von damals, dass der Christ «jede Meinung eines ernsten Doktors der Theologie für ‹probabel› (annehmbar) halten und sich bei seinen Handlungen dar-

9

auf berufen könne, auch wenn sie im Gegensatz zu den Geboten, der Evangelien, der Päpste, der Kirchenväter oder der Konzilien stehe; gäbe es über denselben Sachverhalt mehrere voneinander abweichende probable Meinungen, so dürfe er die angenehmere und günstigere wählen.»[2] Solche Ansichten gehören zu den theologischen Schwierigkeiten, in welche sich die Mitglieder vom Orden des heiligen Ignatius von Loyola verstrickt hatten, die schliesslich Papst Clemens XIV. 1773 zwangen, die Gesellschaft Jesu aufzuheben. Erst 1814 wurde der Orden von Pius VII. feierlich wiederhergestellt. Wie immer in der Geschichte besteht auch hier die Gefahr, dass das Gute vergessen wird, weil die negativen Ereignisse leichten Eingang in die Geschichtsschreibung finden. So sind wir heute froh, dass der Orden seine Krise überwunden hat und der Kirche wertvolle Dienste im Sinne seines Begründers zur Verfügung stellen kann.

Das Zentrum des Christentums ist das Herz Christi. In der Nachfolge Christi sollen wir uns bemühen, seinem Herzen gleich zu werden in der unbedingten Liebe. Das dornengekrönte Haupt ist für uns unerreichbar; wir können die Liebe Gottes, niemals aber sein Wissen anstreben. Die All-Liebe ist uns zugänglich, darin besteht unsere Ebenbildschaft Gottes – die Königswürde des Menschen. Seine All-Wissenheit anzustreben, ist Sein-wollen-wie-Gott, eben die Erbsünde – der Hochmut und die Eitelkeit, die Ureltern aller Sünden. Die alte erste Sünde wiederholt sich ebenso im Hochmut des naturwissenschaftlichen Atheismus wie auch in der Eitelkeit der Selbsterlösungsideologien gnostischer Sekten. Durch den Materialismus der modernen Naturwissenschaft mit ihren aufwendigen Experimenten zur Hervorbringung des Lebens aus Chemikalien im Laboratorium, mit ihren Spekulationen über eine «Selbstorganisation der Materie» zu Lebewesen, findet der Sündenfall geradezu einen Höhepunkt. Das Sein-wollen-wie-Gott ist eine Sünde des Kopfes, nicht des Herzens. Wenn Christus von uns verlangt: «Darum sollt ihr vollkommen sein, gleich wie euer Vater im Himmel vollkommen ist» (Mt 5,48), so verlangt Er eine Vollkommenheit des Herzens. Er fordert die bedingungslose Liebe, die das Christentum zur schwersten Religion der Welt macht. Mit seiner Herzenslogik sah Pascal die Grenzen der Mathematik und der Naturwissenschaft, an deren Entwicklung er selber massgebend beteiligt war. Also die Grenzen des Rationalismus, der auf die Frage nach dem Sinn unseres Daseins keine Antwort zu geben vermag. Da der Rationalismus lediglich Zweck-, aber keine Sinnfragen beantworten kann, kehren nach Blaise Pascal die grossen Seelen, auch wenn sie alles nur irgend mögliche Wissen erworben haben, zur Unwissenheit zurück, zur Hingabe an die Offenbarung und die Gnade, die ein Mysterium ist. Die Richtigkeiten gehören der Wissenschaft mit ihren vielen Systemen, sie sind systemimmanent. Die Wahrheit gründet in Gott und ist daher nur in jener Dimension erreichbar, in welcher wir Ihm nachfolgen können: im Bereich des Herzens und seiner Logik. Es ist im Zeitalter der Wissenschaft schwer geworden, sokratisch weise zu sein, weil man heute viel mehr wissen muss, bis man weiss, dass man nichts weiss. Dem Mathematiker und Naturwissenschaftler Pascal wurde durch das Gebet die Gnade dieser Weisheit gewährt – durch sein Gebet und durch das Gebet anderer für ihn. Ob Gott ohne Gebet Gnade gewährt, weiss niemand – auch kein Theologe –, weil niemand weiss, ob für jene, die nicht beten, jemand betet.

Beim Tod von Blaise Pascal, am 19. August 1662 in Paris, fand man in seinem Rock ein Pergament eingenäht, das als sogenanntes «Memorial» in die Philosophiegeschichte eingegangen ist. Ebenfalls war eine schnell hingeworfene, kaum lesbare Niederschrift des Textes miteingenäht, der von Pascal in sorgfältiger Schrift – mit einigen Unterschieden gegenüber dem Original – auf das Pergament übertragen worden ist. Beide Schriftstücke hatte er eigenhändig eingenäht und jeweils in die neuen Kleider stets selbst übertragen. Bei der schwer lesbaren Niederschrift handelt es sich um die sofort zu Papier gebrachten Notizen der Offenbarung einer Ekstasis, die er in der Nacht vom 23. auf den 24. November 1654 hatte. Bei seinen Lebzeiten hat Pascal diese Erleuchtung als ein kostbares Geheimnis gewahrt, das er keinem Menschen anvertraute. Das «Memorial» lautet wie folgt:

Montag, den 23. November, Tag des heiligen Clemens, Papst und Märtyrer, und anderer im Martyrologium. Vorabend des heiligen Chrysogonos, Märtyrer, und anderer. Seit ungefähr abends zehneinhalb bis ungefähr eine halbe Stunde nach Mitternacht.

FEUER

«Gott Abrahams, Gott Isaaks, Gott Jakobs», nicht der Philosophen und Gelehrten.

Gewissheit, Gewissheit, Empfinden: Freude, Friede.

Gott Jesu Christi,

Deum meum et Deum vestrum.

«Dein Gott wird mein Gott sein» – Ruth –

Vergessen von der Welt und von allem, ausser Gott.

Nur auf den Wegen, die das Evangelium lehrt,

ist er zu finden.

Grösse der menschlichen Seele!

«Gerechter Vater, die Welt kennt dich nicht; ich aber kenne dich.»

Freude, Freude, Freude und Tränen der Freude.

Ich habe mich von ihm getrennt.

Dereliquerunt me fontes aquae vivae.

«Mein Gott, warum hast du mich verlassen.»

Möge ich nicht auf ewig von ihm geschieden sein!

«Das ist aber das ewige Leben, dass sie dich, der du allein wahrer Gott bist, und den du gesandt hast, Jesum Christum, erkennen.»

Jesus Christus!

Jesus Christus!

Ich habe mich von ihm getrennt, ich habe ihn geflohen, mich losgesagt von ihm, ihn gekreuzigt.

Möge ich nie von ihm geschieden sein!

Nur auf den Wegen, die das Evangelium lehrt, kann man ihn bewahren. Vollkommene und liebevolle Unterwerfung unter Jesus Christus und meinen geistlichen Führer.

Ewige Freude für einen Tag geistlicher Übung auf Erden.

Non obliviscar sermones tuos. Amen.[3]

Mit der Philosophie, Mathematik oder Naturwissenschaft Pascals sind diese seine Worte nicht zu verstehen – aber mit seiner Herzenslogik. Heute gibt es viele Naturwissenschaftler, die sich scheuen, das Wort Gott auch nur auszusprechen; nicht weil sie gottlos sind, sondern weil sie vor den Menschen Angst haben, seinen Namen als ein Bekenntnis auszusprechen. Es sind also nicht die Atheisten, die solche Angst haben. Diese scheuen sich nicht und dürfen sich auch nicht scheuen: Wenn sie Gott leugnen wollen, müssen sie seinen Namen aussprechen. Auch jene betrifft diese Angst nicht, die keine Atheisten sind, weil ihnen Gott gar kein Anliegen ist, die beim Hören seines Namens die Achseln zucken und – wenn sie höflich sind – nicht mitleidig lächeln. Gemeint sind hier die zahlreichen Naturwissenschaftler, die in der Natur ein göttliches Wirken sehen, die darüber aber schweigen oder in Verschlüsselungen sprechen, die manchmal – um seinen Namen zu vermeiden – sprachliche Meisterstücke sein können. Blaise Pascal hat Gott angerufen als «‹Gott Abrahams, Gott Isaaks, Gott Jakobs›, nicht der Philosophen und Gelehrten». Als ein Wissenschaftler sowohl der Kopf- als auch der Herzenslogik hat er das aus den Köpfen projizierte Gottesbild abgelehnt, weil damit die tiefste Wesenheit Gottes, die Liebe, nicht erfasst wird. Die gnostischen Sekten, die sich auf Christus berufen, unterscheiden sich von seiner Kirche dadurch, dass sie Ihn mit dem Kopf erfassen wollen; die vom Hochmut gezeugte intellektuelle Eitelkeit. «Die Vollkommenheit der Liebe», sagt Thomas von Aquin, «besteht nicht in der Gewissheit der Erkenntnis, sondern in der Stärke des Ergriffenseins.»[4] Seit der Aufklärung – die für die entscheidenden Fragen unseres Daseins eher eine Eintrübung ist – wird in der Philosophie und in der Wissenschaft die Szene zunehmend von der Gottlosigkeit der materialistischen Naturwissenschaft geprägt, so dass Pascal sich heute kaum mehr von einem «Gott der Philosophen und Gelehrten» zu distanzieren bräuchte.

Was im Bereich einer kopflastigen Gottesbetrachtung geblieben ist, würde Pascal heute den «Gott der Theologen» nennen müssen. Aus meiner Erfahrung als Naturwissenschaftler im Verkehr mit Kollegen meine ich sagen zu können, dass die Scheu der religiös ergriffenen Naturwissenschaftler vor einem Nennen des Namens Gottes eine Absage an diesen «Gott der Theologen» ist. Es soll das keine Anklage sein, sondern der innige Wunsch nach einer Vermittlung. Auch will ich hier schon betonen, dass es nicht der «Gott der Theologen» überhaupt ist, sondern der «Gott» jener Theologen, denen der Kopf im Weg zum Herzen steht, die den Kopf vor das Herz setzen. Schlichter gesagt: Der «Gott» jener Theologen, die zu wenig oder – das gibt es leider – gar nicht beten. Die Naturwissenschaft ohne Gebet ist ein schneller Weg, um von Gott wegzukommen, aber mit Theologie ohne Gebet geht es noch schneller. Der naturwissenschaftliche Materialismus ist tief in die theologischen Fakultäten eingedrungen, was man daran erkennt, dass auch dort der Glaube an die Wissenschaft immer stärker und der Glaube an Gott immer schwächer wird. Immer mehr Pfarrer und Priester stehen auf den Kanzeln, bei denen es schwer ist zu glauben, dass sie glauben. Und das zu einer Zeit, wo immer mehr Naturwissenschaftler wieder an Gott zu glauben beginnen – durch ihre Arbeit in der Naturwissenschaft. Allerdings mit der Scheu und Zurückhaltung, von der hier die Rede ist. Ein offenes Bekenntnis ist noch selten. Kürzlich musste ich mir von einem Theologen – einem Studentenpfarrer – sagen lassen, ich sei in Hinsicht auf meine religiösen Betrachtungen zuviel Herz. Es geht hier also um den «Gott» jener Theologen, für welche Christus gesagt hat: «Ich preise dich, Vater und Herr des Himmel und der Erde, dass du solches den Weisen und Klugen verborgen hast und es den Unmündigen offenbart hast» (Mt 11,25).

Nach dem Tod eines anderen grossen Naturforschers, bei Adolf Portmann, fand man kein «Memorial» in seinem Rock eingenäht. Aber er hatte – das weiss ich – an einem anderen Ort ein «Memorial» eingeschlossen: in seinem Herzen. Nur wenige ahnten davon. Im Raum der modernen Naturwissenschaft, die heutzutage zu einem Betrieb entartet ist, wo von Wissenschaftspolitik und Forschungsfronten gesprochen wird, hat Portmann eine Position vertreten, die recht einsam geworden ist: eine Wissenschaft der *moralischen* Verantwortbarkeit, eine Biologie der Ehrfurcht vor dem Leben. In Portmanns Biologie ist nicht alles erlaubt, was technisch machbar ist, sie versteht sich nicht als wertfrei, sondern an *moralisch-ethische* Werte gebunden. In Hinsicht auf das Nichtmachbare, das Leben, stand Portmann dem Machbaren nicht ablehnend, aber kritisch gegenüber. So dem Wesen der modernen Naturwissenschaft: Bis Galileo Galilei waren die Hände des Menschen ausschliesslich jene Gestaltungswerkzeuge, die aus Natur Kultur schufen. Seit Galilei ist die geistgelenkte Hand des Menschen zweierlei: sowohl Gestaltungswerkzeug als auch *Erkenntniswerkzeug.* Das Haupterkenntniswerkzeug der modernen Naturwissenschaft ist das systematisch-reproduzierbare Laboratoriumsexperiment – die *hervorbringende* Urteilskraft (Kurt Rossmann) ist entscheidend, das Messbare hat das Sagen – und Messungen sind immer Hand-lungen. In der Chemie und Physik bedeutet etwas zu begreifen tatsächlich ein Be-greifen. Die Apparate und Instrumente der Laboratorien sind in ihrem Eigentlichen erweiterte und verfeinerte «Hände», mit welchen der Mensch Phänomene zum Begreifen der Materie hervorbringt. Das Wort Apparat stammt vom lateinischen Verbum apparere, was soviel wie «erscheinen» heisst; und das Wort Phänomen hängt mit dem griechischen phainomenon, das Erscheinende, zusammen. Mit der hervorbringenden Urteilskraft haben die in die Materie eingreifenden Hände – bis ins Innerste der Materie vordringend – unerahnte Kräfte aus der Materie entbunden. Der Wissenschaftler der hervorbringenden Urteilskraft gleicht immer mehr dem «Zauberlehrling» in Goethes Ballade, allerdings ohne den «alten Hexenmeister», der das anschwellende Unheil abzuwenden vermöchte. Solange sich die Chemiker, Physiker und Biologen nicht an den Meister der Welt wenden, solange die Wissenschaftler bei ihrer Arbeit im Laboratorium nicht um die Erleuchtung des Heiligen Geistes beten, wird jede ihrer Entdeckungen das Unheil vergrössern. Die hervorbringende Urteilskraft der be-greifenden Hände vermag dem Geheimnis des Lebens nicht näher zu kommen, weil das Leben nicht wie Chemikalien, Apparate und Maschinen hervorgebracht werden kann. Das Leben ist dasjenige, welches heute durch die geistgelenkten Hände des höchsten Lebewesens Chemikalien, Apparate und Maschinen hervorbringt.

Die Hände des Biologen Adolf Portmann hatten eine andere Haltung: Sie griffen viel weniger ein, als sie sich verehrend und schützend über die Lebewesen erhoben, um sie mit dem von Goethe als die anschauende Urteilskraft bezeichneten Erkenntnispotential zu erforschen. Nicht, dass Portmann die hervorbringende Urteilskraft des Laboratoriumsexperiments abgelehnt hätte! Nein, aber er mahnte zur Zurückhaltung, er stellte die ehrfürchtige Anschauung über die versuchende Machung. Die Versuche in den Laboratorien, wie die Experimente auf deutsch heissen, haben die Menschen tatsächlich in grosse Versuchung geführt. Der Sinnzusammenhang der Worte ist bemerkenswert. Portmann wusste, dass es zur Erforschung der Qualitätsfülle des Lebendigen einer höheren Urteilskraft bedarf als zur Messung von Quantitäten der Materie. Seine Biologie beruht auf strengster Erfüllung des obersten Gesetzes der naturwissenschaftlichen Forschung: auf dem spekulationsfreien Beobachten. Wie weit haben sich die Molekularbiologen, die von einer «Selbstorganisation» der Materie sprechen, von diesem Gesetz entfernt? Ich meine, sie sind, was das betrifft, die Gesetzlosen der Naturwissenschaft geworden.

Das zentrale Anliegen von Portmanns Biologie ist der Mensch. Die wertvollste Frucht seiner Forschungsarbeit als Morphologe, die sich über mehr als sechs Jahrzehnte erstreckte, ist das – wie die Anthropologen es nennen – «Portmann-Phänomen». Er vermochte das Biologische der Geistprägung des Menschen aufzuzeigen, dieses Wesens, das, was den Körper anbelangt, bis in die tiefsten Wurzeln mit den Tieren verbunden, das aber durch das Besondere seiner Innerlichkeit, durch den Geist, jedem Massstab des Tierreiches entrückt ist. Immer mit der Strenge seiner spekulationsfreien Wissenschaft weist er diese Prägung an verschiedenen Stellen der menschlichen Ontogenese nach. Mit besonderem Gewicht aber an der Krone des Gehörs, am Auge: Die Biologie Portmanns kennt sowohl Organe des Wahrnehmens als auch Organe des Wahrgenommenwerdens. Die letzteren sind meistens Organe der Schönheit, die ihn – den Zeichner und Maler, der er war – im Herzen angerührt haben. Das Auge ist beides zugleich; es ist Organ des Schens *und* Organ des Gesehenwerdens – es kann schauen *und* blicken. Es gibt die Liebe auf den ersten Blick.

In der Wissenschaft Portmanns fühlt man aber auch die höchste Kraft der Hände, die der gefalteten Hände – des Gebets. Das Innerste in seinem Herzen war seine tiefe Religiosität. Der grosse Biologe hat mit derselben Strenge, mit welcher er seine spekulationsfreie Forschung betrieb, die Regel des heiligen Benedikt von Nursia eingehalten: «Ora et labora.» Persönlich bin ich geneigt zu sagen, dass seine Biologie ein einziges, einsames Gebet war, das ihm jetzt, nach seinem Tod, belohnt wird, wie Christus gesagt hat: «Selig sind, die da hungert und dürstet nach der Gerechtigkeit; denn sie sollen satt werden» (Mt 5,6). Sein Gebet war von jener Einsamkeit, die von vielen Wissenschaftlern aus Angst vor dem «Gott der Theologen» einer Gemeinde vorgezogen wird. Im Eucharistischen Hochgebet gedenkt die Kirche dieser einsamen Beter: Wir empfehlen Dir auch jene, die im Frieden Christi heimgegangen sind, und alle Verstorbenen, um deren Glauben niemand weiss als Du. An der Zurückhaltung Portmanns vermochte auch die dialektische Theologie des grossen Basler Theologen Karl Barth nichts zu ändern, der ja bis zum Zweiten Weltkrieg mit Portmann im alten Universitätsgebäude am Rhein unter einem Dach lebte. Ohne Gebet wird alle Wissenschaft – auch die Theologie, und gerade sie – eine ins Verhängnis führende Blasphemie. Karl Barth, der im nationalsozialistischen Deutschland eine tapfere und aufrechte Haltung eingenommen hatte, sagte: «Hände zum Gebet falten, ist der Anfang eines Aufstandes gegen die Unordnung der Welt.»

Die moderne Naturwissenschaft ist tragischerweise ein Betrieb geworden, wo man die schnelle Veraltung von systemimmanenten Richtigkeiten für einen raschen Fortschritt hält. Jenen Fortschritt, von welchem Hermann Hesse gesagt hat, er sei eine Treppe, die abwärts führt. Die Biologie Portmanns wird nicht veralten, weil er mit der anschauenden Urteilskraft eine spekulationsfreie Forschung betrieben hat, mit welcher er keine in einem Modellsystem eingeschlossenen Richtigkeiten konstruierte, sondern uns die schaubaren Wahrheiten des Lebendigen offenbarte. Seine Biologie wird deshalb zu den Bausteinen der kommenden Kultur gehören, wo – wie es in einer Kultur nicht anders sein kann – die Wissenschaft wieder ein Kulturfaktor sein wird. Im Materialismus ist sie zu einem Zivilisationselement verarmt, ein Diener der Technokratie geworden, dieser Staatsform einer kulturlosen Zivilisation. Im verwirklichten Christentum, in dessen Zentrum das Herz und nicht der Kopf steht, wo die Liebe und nicht der Intellekt entscheidet, wo der Liebesfähigste und nicht der Tüchtigste der Beste ist, wird Portmann zu den Pionieren der Wissenschaft gehören. Ein anderer Grosser der oberrheinischen Lande, Albert Schweitzer aus dem benachbarten Elsass, hat das Forscherethos Adolf Portmanns zu einem Kriterium seiner Ethik gemacht: Die Ehrfurcht vor dem Leben, die stets zur Gottesfurcht führt, ohne die es keine Weisheit gibt – höchstens Wissen. «Initium sapientiae timor Domini – Die Gottesfurcht ist der Anfang der Weisheit.» Man sieht, dass die Gottesfurcht sehr verschieden ist von der Angst vor dem «Gott der Theologen». In der kommenden Kultur wird das Ende von Adolf Portmanns Erdenleben durch sein «ora et labora» im Zeichen eines Anfangs stehen:

Am Anfang war das Wort,
Das Wort wurde Zeit,
Die Zeit wurde Ende,
Am Ende bleibt das Wort.

Am Anfang war der Mensch,
Der Mensch wurde Gestalt,
Die Gestalt wurde Staub,
Am Ende bleibt der Mensch.

Am Anfang war die Liebe,
Die Liebe wurde Mann,
Der Mann wurde Frau,
Am Ende bleibt die Liebe.

Am Anfang war das Wort,
Das Wort war bei Gott,
Gott wurde Mensch
– Ende wurde Anfang.

Die Angst vor dem «Gott der Theologen», die von der Abneigung über die Ablehnung bis hin zu Nietzsches «Gott geht mir gegen den Geschmack» reichte, war bei manchen Naturwissenschaftlern, die ihre Jugend in der Zeit nach dem sogenannten Kulturkampf verlebt haben, so gross, dass sie bei allen persönlichen Gesprächen über religiöse Fragen auf Distanz gingen. Eine Haltung, die sich auf die folgende Generation vererbt hat. Aber auch heute noch gilt in weiten Kreisen von Naturwissenschaftlern der Einbezug von Gott in die Fragen der Physik, Chemie, Mathematik und Biologie als unwissenschaftlich. Ist doch der Kulturkampf ein Begriff, der aus dem Wahlaufruf eines der bekanntesten Naturforscher Deutschlands hervorgegangen ist: Rudolf Virchow hatte als einer der Führer der von ihm mitbegründeten antikirchlichen Fortschrittspartei in den siebziger Jahren des letzten Jahrhunderts in Preussen zu einem «Kampf für die Kultur» aufgerufen. Das war die Zeit, wo sogar die Regierung des Landes, das dem Papst seine Garde stellt, die Schweiz, geraume Zeit ihre Beziehungen zum Vatikan abgebrochen hatte. Wie immer in der Geschichte, ist die Schuld für eine solche Entzweiung auf beiden Seiten zu suchen und zu finden. Wenn ein hochintelligenter Mensch wie der Begründer der pathologischen Histologie, eben Rudolf Virchow, die Existenz der unsterblichen Seele bestreitet, weil er unter seinem Seziermesser noch nie eine solche gefunden habe, ist zu bedenken, dass er Gott nicht bloss mit dem «Gott der Theologen» verwechselte, sondern mit *diesen* Theologen selbst. So ist es vielen Menschen ergangen in jener Zeit, wo dem Christentum von jenen seiner Vertreter grosser Schaden zugefügt worden ist, die nicht nur christliche Werte, sondern auch materiellen Besitzstand und politische Macht mit der Lehre von der Armut und der Liebe verteidigen wollten. Wie an anderen Stellen der Geschichte wurde auch hier das Schlechte deutlicher und schneller gehört als das viele Gute, das von der Kirche getan wird. Gewiss, das Schlechte fällt in der Kirche besonders auf, weil man von ihr nur Gutes erwartet. Seit dem Kulturkampf hat sich vieles zum Guten gewandt; immer mehr sind die Theologen nicht bloss Theologen, sondern auch Priester. Aber das Trauma vom «Gott der Theologen» ist bei zahlreichen Naturwissenschaftlern noch nicht geheilt. Dies ist eine Tragödie, deren Verzweiflung kaum zu beschreiben und deren Folgen noch unabsehbar sind.

Adolf Portmann, der einer meiner Lehrer an der Universität Basel war, ist mir als Kollege der philosophisch-naturwissenschaftlichen Fakultät ein Mentor geworden und in seinen späten Jahren ein väterlicher Freund. In der Nähe dieser Beziehung wurde die Tiefe seiner Religiosität spürbar, aber nicht mehr als dies. In seiner Zurückhaltung bei Gesprächen über Fragen des Religiösen erlaubte er sich nur Andeutungen; eine Scheu verschloss ihm die Lippen beim Aussprechen des Namens Gottes. Auch sein Biograph Joachim Illies («Das Geheimnis des Lebendigen – Leben und Werk des Biologen Adolf Portmann»)[5], der im Juni 1982 dem 85jährigen Meister, erst 57 Jahre alt, um drei Wochen in den Tod vorausgegangen ist, konnte bei seinen Gesprächen mit Portmann das entscheidende Wort mit den Ohren nicht hören – wohl aber mit dem Herzen. Im Pfingstwind dieses Jahres 1982 habe ich einen Vater und einen Bruder im Geiste verloren; beide bleiben mit mir im Heiligen Geist verbunden: der Schweiger und der Bekenner Gottes. Eine Verbundenheit, die mich ihren Spuren folgen lässt. Da ist zum Beispiel die Burg Rothenfels am Main, die von Männern aus der Heimat des Angelus Silesius, den Priestern Hermann Hoffmann, Klemens Neumann und Bernhard Strehler nach dem Ersten Weltkrieg begründete Katholische Bildungsstätte. Hier hatte Romano Guardini, der damals Studienleiter gewesen ist, in den fünfziger Jahren mit Adolf Portmann ein Seminar über Fragen der Religion und der Biologie durchgeführt. Eine Generation später wurde Joachim Illies von der Münchner Philosophin Hanna-Barbara Gerl, welche die Studienleitung jetzt innehat, eingeladen, auf Burg Rothenfels die Naturwissenschaft zu einem Zeugnis für Gott zu erheben. Als ich Adolf Portmann zum letzten Mal sah, war es zwei Wochen vor seinem Tod; ich musste ihm sagen, dass unser gemeinsamer Freund Joachim Illies an einem Herzversagen unerwartet gestorben ist. Seine Antwort war vom Schweigen eines Wissens um ein nahes Wiedersehen getragen – von Portmanns Schweigen über Gott. Beim Abschied sagte ich ihm: «Herr Portmann, meine Frau und ich haben Sie sehr lieb, wir schliessen Sie in unser Gebet ein.» Portmann blickte mir in die Augen, hob die Hand und sagte spontan: «Das ist sehr wichtig.»

Durch die hingebungsvolle Pflege von Marianne New war dem grossen Gelehrten die Gnade gewährt, in seiner Wohnung vor den Toren seiner Heimatstadt Basel zu sterben. Leonardo da Vinci hatte gesagt, so wie ein gutes Tagwerk einen ruhigen Schlaf bringt, bringt ein gutes Leben einen ruhigen Tod. Nach einem kleinen Gespräch mit Frau New, wo er ihr einen Traum erzählte, in welchem er mit einem Glas, in dem das Haar eines Priesters aufbewahrt war, die Treppe zu einer Kirche hinaufstieg, fiel er um die Mittagsstunde in einen leichten Schlaf. Frau Marianne stellte an das Fussende seines Bettes einen Rosenstrauss, damit er beim Erwachen diese Schönheit sähe. Als sie nach zehn Minuten nach ihm schauen wollte, war er verstorben. Es war die Mittagsstunde des 28. Juni 1982. Der Friede, mit dem er gestorben war, strahlte aus dem eindrucksvollen Antlitz des Toten. Ein kleines Mädchen aus der Nachbarschaft, mit welchem Portmann auf seinen Spaziergängen geplaudert hatte, wollte den toten Gelehrten sehen, der ihm einmal so lebendig die Entpuppung einer Libelle geschildert hatte. Er hatte ihm erzählt, wie die Flügel des Insekts sich entfalten und dabei durchsichtig werden, bis es schliesslich davonfliegt. Als das Kind das verklärte Gesicht des Toten sah, sagte es flüsternd zu seiner Mutter: «Seine Flügel sind schon ganz durchsichtig.» Der Jüngling Adolf Portmann hatte vor mehr als fünfundsechzig Jahren seine Gelehrtenlaufbahn mit einer Forschungsarbeit über Libellen begonnen. Er wusste, dass es im Leben das nicht gibt, was die Materialisten Zufall nennen. Vielmehr war er mit Anatol France der Ansicht, dass das, was die Darwinisten als Zufall definieren, ein Pseudonym Gottes ist, das Er verwendet, wenn Er nicht mit seinem Namen zeichnen will.

Mein verehrter Mentor blieb der Einsamkeit seiner Liebe zu Gott, der sich ihm in dem offenbarte, was Portmann die Innerlichkeit der Lebewesen nannte, bis zum Grabe treu. Mit dem Gott jener Theologen, der nicht der Vater in der Kirche Christi ist – «Wer mich sieht, sieht den Vater» (Joh 14, 9) – lebte er ein «homo sum», wie es Conrad Ferdinand Meyer in seinem Epos über «Huttens letzte Tage» schildert:

Ich wünsche meiner Seele Seligkeit
Und bin mit Petri Schlüsselamt im Streit.

Aus der Gnade, die mich in die Kirche zurückführte, die mir das Sakrament der Taufe, der Busse, der Eucharistie, der Firmung und der Ehe gespendet hat, wurde mir die Gnade zuteil, an der Bahre und am Grab meines verehrten Lehrers die Worte zu sprechen, die ihm ein Priester gerne auf den Weg in die grosse Wirklichkeit mitgegeben hätte. Anlässlich der Feuerbestattung in der Kapelle auf dem Friedhof am Hörnli in Basel am 2. Juli 1982:

Lieber, hochverehrter Adolf Portmann! –
Liebe Frau Marianne,
liebe Freunde meines verehrten Mentors und Lehrers!

Ihn, dessen Körper neben mir im Sarge liegt, habe ich in direkter
Rede angesprochen, weil ich glaube – weil ich weiss –, dass er mich
in der Welt, in der er jetzt lebt, hören kann. Die Substanz, das
Eigentliche von Portmanns Wissenschaft ist seine tiefe Religiosität. Dem von ihm ehrfürchtig verehrten Geheimnis des Lebendigen, dem ersten und letzten Anliegen seiner Biologie, hat er die Bezeichnung «Innerlichkeit» gegeben. Die Portmannsche «Innerlichkeit» ist jenes Jenseits der Materie, von welchem Friedrich Schiller
den Wissenschaftlern, die sich allzusehr der Materie zuwenden, gesagt hat:

> Euer Gegenstand ist der erhabenste freilich im Raume;
> Aber, Freunde, im Raum wohnt das Erhabene nicht.

Die «Innerlichkeit» der Portmannschen Biologie ist das Sein ausser
Raum und Zeit in jener Wirklichkeit, in der er jetzt so wirklich
lebt, wie wir hier angesichts seiner Bahre wirklich sind. Die Wirklichkeit, aus der er uns sieht, bringt Conrad Ferdinand Meyer mit
der Kunst des Dichters zum Ausdruck:

> Wie fühl' ich heute deine Macht,
> Als ob sich deine Wimper schatte
> Vor mir auf diesem ampelhellen Blatte
> Um Mitternacht!
> Dein Auge sieht
> Begierig mein entstehend Lied.

> Dein Wesen neigt sich meinem zu,
> Du bist's! Doch deine Lippen schweigen,
> Und liesest du ein Wort, das zart und eigen,
> Bist's wieder du,
> Dein Herzblut,
> Indes dein Staub im Grabe ruht.

Mir ist, wann mich dein Atem streift,
Der ich erstarkt an Kampf und Wunden,
Als seist in deinen stillen Grabesstunden
Auch du gereift
An Liebeskraft,
An Willen und an Leidenschaft.

Die Marmorurne setzten dir
Die einstmals Deinen – um dich zu vergessen,
Sie erbten, bauten, freiten unterdessen,
Du lebst in mir!
Wozu beweint?
Du lebst und fühlst mit mir vereint!

Die Kräfte, aus welchen Portmanns Wissenschaft lebt, sind die Liebe und die Freiheit – die Botschaft Christi. Als ein Träger abendländischer Kultur fühlte sich der grosse Biologe diesen Kräften zutiefst verpflichtet. Die Kräfte, die im Urchristentum das Römische Reich horizontal von Britannien bis Mesopotamien, vom Rhein bis zum Nil, und vertikal von den Sklavenhütten des Trastevere in Rom bis hinauf in die Paläste des Palatin durchdrangen. In diesem seinem Reich waren Sie, mein verehrter Lehrer, ein Christophorus. Die Abwendung von seinem Reich durch den Missbrauch seiner Botschaft, wo die Menschen nur die Freiheit, nicht aber die Liebe wollten, eine Freiheit *von* statt *für* Verantwortung, aus der die sogenannte wertfreie Wissenschaft hervorgegangen ist, gegen deren Unmenschlichkeit Sie mit Ihrer Biologie der Ehrfurcht vor dem Leben kämpften, hat Sie einsam gemacht. Der Gottsucher Adolf Portmann zog sich ins Innerste der Substanz des Christentums zurück: in die Liebe und die Freiheit der Botschaft Christi. Er war ein Einsamer am Herzen Christi, am Ort, wo er jetzt seine Freundschaft hat von Angesicht zu Angesicht. Ich möchte in der Sprache des Urchristentums, jener Gesellschaft der Liebe und der Freiheit, die das Römische Reich ohne einen Schwertstreich eroberte, für die Portmann ein Zeuge war, beten, wie Christus uns beten gelehrt hat:

Pater noster, qui es in coelis, sanctificetur nomen tuum. Adveniat regnum tuum. Fiat voluntas tua, sicut in coelo et in terra. Panem nostrum quotidianum da nobis hodie. Et dimitte nobis debita nostra, sicut et nos dimittimus debitoribus nostris. Et ne nos inducas in tentationem; sed libera nos a malo.

Was die moderne Anthropologie das «Portmann-Phänomen» nennt, diese Prägung der Geistigkeit des Menschen in der Ontologie seiner biologischen Gestalt, verehrt in seinem Zentrum die Würde der Frau und die Heiligkeit der Mutterschaft, ohne die eine Kultur nicht möglich ist. Eine Erkenntnis, die Goethe seinen Faust mit einer Hymne an das Sein der Frau schliessen lässt:

> Alles Vergängliche
> Ist nur ein Gleichnis;
> Das Unzulängliche,
> Hier wird's Ereignis;
> Das Unbeschreibliche,
> Hier ist's getan;
> Das Ewig-Weibliche
> Zieht uns hinan.

Portmann war ein grosser Mann und wie wir alle das Kind einer Mutter. Jetzt ist er das Kind der Mutter dessen, den er als ein Christophorus getragen hat, die Mutter, die Goethe vor seiner Hymne an die Frau die mater gloriosa nennt und zu der ich jetzt bete, sie möge den grossen Mann an Kindes Statt nehmen:

Ave Maria, gratia plena, Dominus tecum: benedicta tu in mulieribus, et benedictus fructus ventris tui, Jesus. Sancta Maria, Mater Dei, ora pro nobis peccatoribus, nunc et in hora mortis nostrae.

Verehrter Meister, wir sagen Ihnen auf Wiedersehen in der Welt, wo das Mysterium Ihrer Biologie – die «Innerlichkeit» – offenbares Geheimnis ist. Amen.

Und bei der Bestattung seiner Urne auf dem Friedhof am Hörnli am 5. Juli 1982:

Unser hochverehrter, von uns geliebter Adolf Portmann! – Diese Blumen, die wir Ihnen zusammen mit Steinen aus Frankreich von der Küste des mittelländischen Meeres bei Banyuls und aus Amerika, wo der Atlantische Ozean die Wälder von Maine berührt, mit ins Grab geben, werden ihre materielle Gestalt verlieren. Das aber, was diese Rose zur Rose macht, wird in der Welt, in der Sie jetzt sind, bleiben mit allen Blumen, die dort in Ewigkeit blühen: Die in Ihrer Biologie als «Innerlichkeit» bezeichnete Seele, die Sie jetzt sehen können, so wie wir diese Erde sehen, die bald Ihre Urne bedecken wird. Die Erde, aus der die Kräfte der «Innerlichkeit» die Lebensformen werden lassen durch das Geheimnis, das Sie in Liebe mit Ihrer Wissenschaft verehrt haben. In einem Gespräch hatten wir festgestellt, dass wir beide – eine Generation auseinanderliegend – «Auffahrtskinder» sind; Sie sind am Auffahrtstag 1897 auf die Welt gekommen, und ich an der Auffahrt 1925. Das Fest von Christi Himmelfahrt und das Fest von Pfingsten gehören zusammen. Die Wahrheiten in Ihrer Biologie, die mit dem wissenschaftlichen Fortschritt nicht veralten werden und deren grosse Bedeutung erst in der Zukunft erkannt werden wird, zeigen, dass der Heilige Geist Ihre Naturforschung erleuchtet hat. – Ich spreche jetzt die Pfingstsequenz in der Sprache jener Zeit, wo die Christen das getan haben, was Sie in Ihrer Wissenschaft taten: Von ganzem Herzen für die Wahrheit zeugen:

> Veni sancte spiritus
> Et emitte caelitus
> Lucis tuae radium.
>
> Veni pater pauperum,
> Veni dator munerum,
> Veni lumen cordium.
>
> Consolator optime,
> Dulcis hospes animae,
> Dulce refrigerium.
>
> In labore requies,
> In aestu temperies,
> In fletu solatium.

O lux beatissima,
Reple cordis intima
tuorum fidelium.

Sine tuo numine
Nihil est in homine,
Nihil est innoxium.

Lava quod est sordidum,
Riga quod est aridum,
Sana quod est saucium.

Flecte quod est rigidum,
Fove quod est frigidum,
Rege quod est devium.

Da tuis fidelibus,
In te confidentibus,
Sacrum septenarium.

Da virtutis meritum,
Da salutis exitum,
Da perenne gaudium.

Amen, Alleluia.

Vielen Menschen sind diese Gebete von Kind auf bekannt, jedenfalls das «Vaterunser» und das «Ave Maria». Die Mutter hat sie die Texte mit der Muttersprache gelehrt. Aber heute gibt es manche Menschen, welche die Worte des «Vaterunser» nicht oder nicht mehr kennen. Ich erinnere mich an die Zeit, wo ich im Kampf mit dem «Gott der Theologen» ein naturwissenschaftlicher Atheist geworden war und wo ich meine Ignoranz auf dem Gebiet der Religion als einen Beweis für die Nichtexistenz Gottes betrachtet habe. In diesem zwei Jahrzehnte dauernden Zustand, für den ich mich vor Gott und den Menschen bis ans Ende meiner Tage schäme, hatte ich die Gebetstexte meiner Kinderzeit alle vergessen – auch das «Vaterunser». Als ich nicht mehr bei den Naturwissenschaften stehen blieb, als ich nicht mehr bloss physikalisch-chemisch dachte, sondern durch ein Denken *über* die Chemie und *über* die Physik einen Weg zu Gott fand – vom Wie über das Was zum Wer – und wieder beten wollte, wusste ich keine Worte mehr.

Weil ich mich des Nichtwissens dieser Selbstverständlichkeit schämte, wagte ich es nicht, jemanden zu fragen. So sehr ich mich in der Literatur meines Faches, der physikalischen Chemie, auskannte, so wenig wusste ich, in welchen Büchern und wo in den Büchern, in denen ich sie vermutete, diese Hochgebete zu finden sind. In der Erinnerung fand ich Bruchstücke von der Kindheit her und betete mit diesen, bis ich durch das Gebet endlich den Mut zur Demut fand, die Menschen, die es wussten, zu fragen. Zu diesen Menschen gehört auch meine Frau; man sieht, es braucht viel Mut, um Mut zur Demut zu haben. So will ich hier für jene, denen es geht wie mir, denen diese Gebete nicht eine tägliche Selbstverständlichkeit, sondern vielleicht eine Pforte sind, die sie suchen, in unserer Sprache aufschreiben:

Vater unser im Himmel, geheiligt werde Dein Name. Dein Reich komme. Dein Wille geschehe, wie im Himmel so auf Erden. Unser tägliches Brot gib uns heute. Und vergib uns unsere Schuld, wie auch wir vergeben unseren Schuldigern. Und führe uns nicht in Versuchung, sondern erlöse uns von dem Bösen. – Denn Dein ist das Reich und die Kraft und die Herrlichkeit. In Ewigkeit. Amen.

Gegrüsset seist Du, Maria, voll der Gnade, der Herr ist mit Dir. Du bist gebenedeit unter den Frauen, und gebenedeit ist die Frucht Deines Leibes, Jesus. Heilige Maria, Mutter Gottes, bitte für uns Sünder jetzt und in der Stunde unseres Todes. Amen.

Und die Pfingst-Sequenz:

> Komm, o Geist der Heiligkeit!
> Aus des Himmels Herrlichkeit
> Sende Deines Lichtes Strahl.
>
> Vater aller Armen Du,
> Aller Herzen Licht und Ruh,
> Komm mit Deiner Gaben Zahl.
>
> Tröster in Verlassenheit,
> Labsal voller Lieblichkeit,
> Komm, Du milder Seelenfreund!

In Ermüdung schenke Ruh,
In der Glut hauch Kühlung zu,
Tröste den, der trostlos weint!

O Du Licht der Seligkeit,
Mach Dir unser Herz bereit,
Dring in unsere Seelen ein!

Ohne Dein lebendig Wehn
Nichts im Menschen kann bestehn,
Nichts ohn' Fehl und Makel sein.

Wasche, was beflecket ist,
Heile, was verwundet ist,
Tränke, was da dürre steht!

Beuge, was verhärtet ist,
Wärme, was erkaltet ist,
Lenke, was da irre geht!

Heil'ger Geist, wir bitten Dich,
Gib uns allen gnädiglich
Deiner Gaben Siebenzahl!

Spende uns der Tugend Lohn,
Lass uns stehn an Deinem Thron,
Uns erfreun im Himmelssaal!
Amen. Alleluja!

[1] B. F. Skinner: «Jenseits von Freiheit und Würde», Reinbek 1973.
[2] Lexikon der Philosophie, Begründet von Heinrich Schmidt, Stuttgart 1974.
[3] Blaise Pascal: «Gedanken», Stuttgart 1956.
[4] Waltraud Herbstrith: «Das wahre Gesicht Edith Steins», München 1980.
[5] Joachim Illies: «Das Geheimnis des Lebendigen – Leben und Werk des Biologen Adolf Portmann», München 1976.

Die Gottesanbeterin

Anlässlich eines der Gespräche, die ich mit Adolf Portmann in seinem Arbeitszimmer im Institut für Zoologie geführt hatte, habe ich ihn auch nach seinen Plänen für ein neues Buch gefragt. Es ist das die Zeit gewesen, wo er noch rüstig wie ein Spätsechziger seinem achtzigsten Geburtstag entgegensah. Mein ehemaliger Lehrer war mir als Fakultätskollege menschlich immer näher gekommen und ist mir schliesslich jener väterliche Freund geworden, an dessen Grab ich dem einsamen Gottsucher an eines Priesters Statt die Gebete sprechen durfte. Aber schon als Student war Portmann mir und manchen meiner Kommilitonen mehr als nur ein Professor gewesen. Als Naturforscher war er uns ein Mentor, der er mir bis zu seinem Tod geblieben ist. Ich fragte ihn also nach seinen literarischen Plänen. Er schaute mich an, blickte mir in die Augen und – zögerte. Diese Sekunden stehen mir ganz klar in der Erinnerung. Er schaute aus dem Fenster. Auf dem Rhein fuhr ein Frachtschiff meerwärts; vor dem Passieren der Brücke gab der Lotse mit dem Horn ein Signal. Portmann drehte sich wieder zu mir, faltete die Hände wie zum Gebet und sagte: «Die Gottesanbeterin». Als er meine Überraschung sah, erklärte er mir, dass dies der Titel seines neuen Buches sei, und dass er mit der Gottesanbeterin die mantis religiosa meine; jene Fangheuschrecke, die beim Lauern auf eine Beute sich aufrichte und mit ihren Vorderbeinen fangbereit in dieser Haltung – wieder faltete Portmann die Hände – verharre. In dieser Stunde machte mir mein Lehrer ein geistiges Vermächtnis. Das wusste ich damals noch nicht, und Portmann wusste es bis zu seinem Tod auch nicht; dass er es jetzt weiss, ist mein Glaube.

Sowohl der volkstümliche als auch der wissenschaftliche Name dieses Insekts – das griechisch-lateinische mantis religiosa kann mit «die religiös Verzückte» übersetzt werden – stehen im Zeichen des Widerspruchs zwischen Beten und Töten. Ob der Name aus einer ironischen, ja gar zynischen Erwägung oder aber aus einem ehrlichen

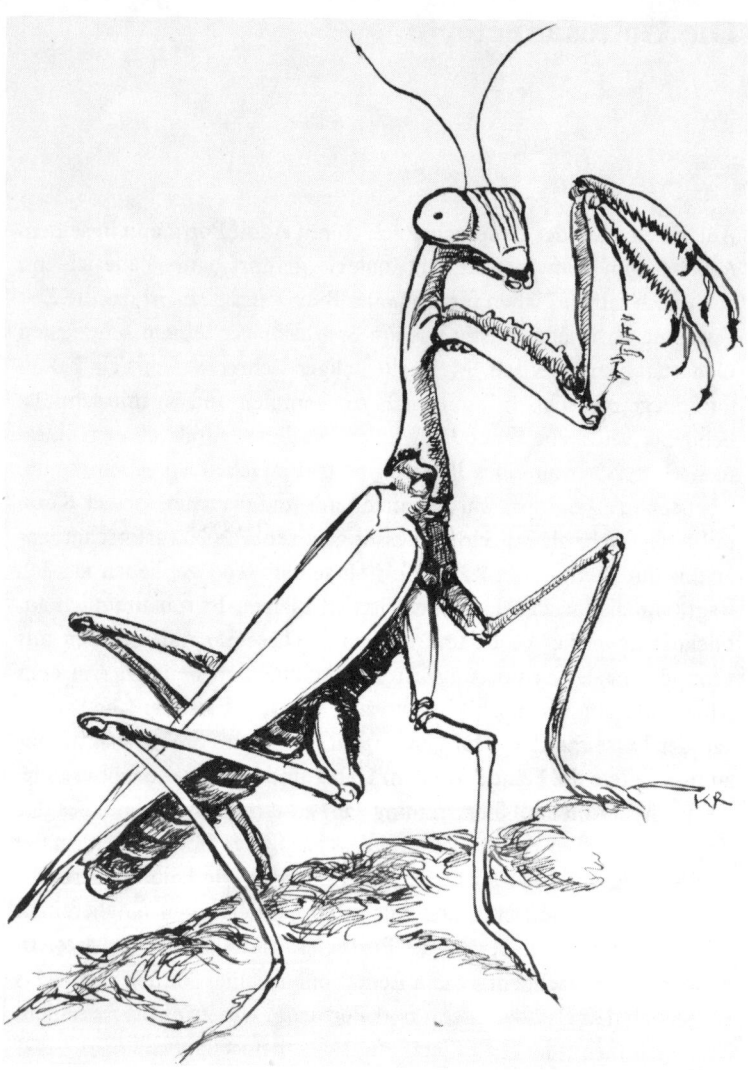

Die Gottesanbeterin ist eine ca. 75 mm lange, von Insekten lebende grüne Fangheu-schrecke «Mantis religiosa», die vor allem in Südeuropa vorkommt. Das Insekt vermag die Fangarme in einer Weise hochzuhalten, die der Gebetshaltung (Orantenhaltung) von Händen gleicht. Da die Gottesanbeterin nach der Begattung ihr Männchen auf-frisst, sah Adolf Portmann in ihr auch ein Gestaltssymbol für die Entzweiung von Wis-senschaft und Religion.   Zeichnung: Katrin Rippmann, Stein am Rhein

Kummer über das Tötenmüssen um leben zu können entstanden ist, wäre interessant zu wissen, lässt sich jedoch wohl kaum feststellen. Vielleicht beides, aus der Zerrissenheit im Widerspruch. Wenn der wissenschaftliche Name zur Zeit des Kulturkampfes entstanden ist, dürfte die Ironie eine entscheidende Rolle gespielt haben. Eine Verbitterung, der Verständnis entgegengebracht werden muss: Wurde doch immer wieder unter Verletzung des Zweiten Gebotes der Name Gottes verunehrt, indem in seinem Namen gemordet wurde: «Du sollst den Namen des Herrn, deines Gottes, nicht missbrauchen; denn der Herr wird den nicht ungestraft lassen, der seinen Namen missbraucht» (Ex 20,7). Es ist nicht von der Hand zu weisen, dass die Verfolgung seiner Kirche in der heutigen Zeit mit zur Strafe gehört für den Missbrauch seines Namens durch die Vertreter der Kirche. In der Bezeichnung für das Insekt ist gewiss auch etwas von dem enthalten, was Albert Schweitzer die Selbstentzweiung des Lebens zum Leben nennt als eine besonders schwere Last unseres Erbes aus dem Sündenfall.

Für Adolf Portmann war die Gottesanbeterin ein Bild seiner Entzweiung mit dem «Gott der Theologen». Wie er mir bei unseren Gesprächen immer wieder gesagt hat - stets mit grosser Zurückhaltung und meistens nur in Form von Andeutungen -, wollte er in diesem Buch auf die ganz tiefen Fragen sowohl seiner Biologie als auch seines langen Lebens als Naturforscher eingehen. Seit der Eröffnung mit den gefalteten Händen waren Jahre verstrichen, und es wurde immer deutlicher, dass die Gottesanbeterin sein letztes Buch werden würde. Zur Weihnachtszeit 1981 besuchte ich Portmann in seiner Wohnung. Der Gelehrte stand in der Mitte seines 85. Lebensjahres. Wie immer fragte ich ihn nach dem Gedeihen der «Gottesanbeterin», an der er nun schon seit Jahren arbeitete. Die Bemühung um dieses Buch war - wie ich jedesmal fühlte - sein stärkstes Gebet. Er sagte mir, er habe den Titel geändert in «Mein Weg zum Meer». Der Binnenländer Portmann zählte ja mit seinen massgebenden Arbeiten über die Tintenfische zu den international anerkannten Meeresbiologen. Haben ihm doch vor seinem Institut die Wellen des Rheines das uralte Lied aller Ströme der Welt gesungen: «Komm mit zum Meer!» Wie wir wissen, wurde ein halbes Jahr später aus seinem «Weg zum Meer» sein endgültiger Weg zu Gott. Der grosse Gelehrte hat das Buch, an dem er so lange gearbeitet hatte, unvollendet gelassen, und wie mir Frau Marianne New sagte, eignen sich die vorhandenen Notizen kaum, um als Fragmente veröffentlicht zu werden. So bleibt der Wissenschaftsgeschichte die geistige Substanz, mit welcher einer der bedeutendsten Biologen unserer Zeit mit einer entscheidenden Dimension seiner Wissenschaft gerungen hat, der Religiosität, verborgen. Die Gottesanbeterin wurde mir geistiges Erbe meines verehrten Lehrers, und ich will mich bemühen, dieses Auftrages würdig zu sein. Ein gutes Gespräch kann man nur mit einem Menschen führen, mit dem man auch schweigen kann. Die tiefsten Wahrheiten, das Unaussprechliche, kann nur durch das vom Wort getragene Schweigen gesagt werden. In diesem Buch möchte ich zum Ausdruck bringen, was mir Adolf Portmann – stellvertretend für viele religiöse Naturwissenschaftler – mit seiner Gottesanbeterin schweigend gesagt hat.

Es fällt mir, nicht schwer, die gefalteten Hände Portmanns zu verstehen, wenn ich an meinen eigenen Weg als Naturwissenschaftler denke. Ich weiss, dass diese Hände, welche auf solch nachdenkliche Weise die Fangstellung der mantis andeuteten, auch wirklich gebetet haben. Vielleicht sogar gefalte. Doch wenn nicht so, dann aber gewiss bei seiner Arbeit als Biologe im Laboratorium, am Schreibtisch und in der freien Natur, einer Arbeit, die im tiefsten Sinne ein «ora et labora» gewesen ist. Ich weiss, wie angst vor dem «Gott der Theologen» sein kann, von der im vorangegangenen Kapitel die Rede ist. Ich weiss auch, wie stark gerade die Theologen im Vordergrund des religiösen Lebens stehen, und wie sehr der Ehrgeiz die andern, auf die es ankommt, in den Hintergrund drängen – die Theologen des Gebets, der hingebungsvollen, anbetenden, staunenden Liebe. Die Wahrheit ist leise und langsam, die Lauheit ist laut und schnell wie die Lüge, deren Tochter sie ist. Die Vater der Eitelkeit ist der Hochmut, der Stamm des Sündenbaums. Der Theologenhochmut ist der schlimmste von den vielen Sorten der Hauptsünde, weil er schon unzählige Menschen von Gott abgebracht hat. Andererseits gibt es keine gnadenwirkendere Demut als die Demut eines Theologen, weil ein Theologe nur mit dem Mut zur Demut wirklich Priester sein kann. Es sind Theologenhochmut und religiöser Fanatismus gewesen, die mich aus der Kirche gedrängt hatten, in der ich aufgewachsen bin. Ein Fanatismus und Hochmut, der sich im Streit und in der gegenseitigen Verachtung geäussert hatte, die damals zwischen meiner Kirche, der Römisch-katholischen, und den verschiedenen protestantischen Konfessionen geherrscht haben. Ein Zustand, der sich nach dem Zweiten Vatikanischen Konzil wie noch nie in der Geschichte seit Martin Luther gebessert hat, und zwar dermassen, dass man die heutigen Verhältnisse mit jenen meiner Jugendzeit überhaupt nicht mehr vergleichen kann. Aber damals bin ich als Jüngling aus Angst vor dem «Gott der Theologen» aus der Kirche ausgetreten und meinte, dieser Angst Herr zu werden, indem ich glaubte, nicht zu glauben, und mich der Überzeugung hingab, ein Atheist zu sein. Dieser Zustand wandelte sich im Verlauf meines dritten Lebensjahrzehnts und wurde in zunehmendem Mass von einer vorerst deistischen Religiosität geprägt, die sich schliesslich dahin wandelte, dass ich gegen mein vierzigstes Lebensjahr hin dem Pfarrer des Sprengels, in welchem ich wohnte, schrieb, ich sei aus der Katholischen Kirche ausgetreten, um Christ sein zu können. Eine Äusserung, die übrigens von jenem Priester in Milde und Demut entgegengenommen wurde, und der damit, wie ich heute weiss, ein Samenkorn in meine Seele gelegt hat, das aufgegangen ist. Es zeichnete sich in mir also ein ganz bestimmter Weg ab, dessen Richtung schon festgelegt war, bevor ich mich auf ihm wusste. Das Sakrament der Taufe, die Gnade, die mir durch meine Eltern als neugeborenes Kind gewährt worden ist, war mein Wegweiser. Die Naturwissenschaft, die ich einst, solange ich mich mit der Frage nach dem Wie und der entsprechenden Antwort, dem «Gewusst wie», dem «Know how», begnügte, als einen Beweis für die Nichtexistenz Gottes betrachtet habe, wurde mir ein Weg zu Gott, als ich nach dem Was zu fragen begann.

Die Fülle in den Fragen «Was ist Chemie?», «Was ist Physik?», «Was ist Mathematik?», «Was ist Biologie?» öffnete eine Tiefe, aus der immer eindringlicher die Frage nach dem Wer auftauchte, die Frage nach der Wahrheit in den Fluten von wissenschaftlichen Richtigkeiten, nach einem Fels, auf den man bauen kann. Und es tauchte auch die Antwort auf: «Ich bin der Weg, die Wahrheit und das Leben» (Joh 14,6). Mein Weg ging vorwärts, heimwärts – christuswärts – zurück in seine Kirche. Ein greiser Priester in einer kleinen Landpfarre – ein «Pfarrer von Ars» – und das gelebte Christentum von Papst Johannes Paul II. bewirkten den letzten Schritt: In meinem 56. Lebensjahr empfing ich aus der Hand dieses Priesters nach dreieinhalb Jahrzehnten zum ersten Mal wieder das eucharistische Sakrament. Der Geschmack der Hostie versetzte mich in die Welt meiner Kindheit zurück, und die Sekunden standen still: Der Tag meiner Erstkommunion wurde Gegenwart, die Zeit versank im Meer der Ewigkeit. Ich dankte meinen verstorbenen Eltern für meine Erziehung und bat sie um Verzeihung für den Hochmut meiner Jugend und die Schmerzen, die ich ihnen durch diese Sünde bereitet hatte.

Das Geheimnis der Gnade ist unergründlich, aber sie wird allen gewährt, die sich um Gott bemühen. Sie kann in Formen vergönnt werden, die vorerst als ihr Gegenteil erscheinen. Die Bemühung um Gott kann auch in einem Ringen mit Gott bestehen, in der Ablehnung eines Bildes von Ihm, zum Beispiel des «Gottes der Theologen», um seinetwillen in Liebe zu Ihm und für Ihn: So kann Er nicht sein! Die Angst vor dem «Gott der Theologen» hat Adolf Portmann in seinem Ringen mit Gott um Gott – «Du sollst nicht mehr Jakob heissen, sondern Israel; denn du hast mit Gott und mit Menschen gekämpft und bist oblegen» (Gn 32,29) – die Hände mit einem Blick auf die Gottesanbeterin falten lassen. Aber das Gebet seiner Arbeit und seiner Lebensführung hat seine Worte geformt, so dass jeder, der ihm näherstand, das Wort, das er nie aussprach, auf seinen Lippen sah: Gott. Das vom Wort getragene Schweigen sprach eindrücklicher als das Wort selbst. Auch jene, die es nicht hören wollten, konnten dieses Schweigen nicht überhören. So musste Portmann, den der «Gott der Theologen» von einer Religionsgemeinschaft fernhielt, immer wieder hören, dass er dieser oder jener Kirche angehöre oder beigetreten sei – so deutlich war sein Schweigen von Gott. Eines Tages geschah es sogar, so hatte er mir erzählt, dass ihm der damalige Erziehungsdirektor der Stadt Basel, ein liberaler Politiker, dem die Universität unterstand, quer über die Strasse entgegeneilt sei, um ihn zu fragen, ob es stimme, dass er katholisch geworden sei. Die Gnade der Heimkehr durfte ich mit meinem Lehrer an seinem Grabe durch die Gebete eben dieser Kirche teilen. Ich glaube daran, dass die Sakramente, die ihm nur ein Priester hätte spenden können, ihm der «‹Gott Abrahams, Gott Isaaks, Gott Jakobs›, nicht der Gott der Philosophen und Gelehrten» in seiner unermesslichen Liebe und Barmherzigkeit gespendet hat.

Was uns fehlt, sind nicht Köpfe, sondern Herzen. Es hat noch nie so viele intelligente Menschen gegeben wie heute – es fehlen viele, viele Herzen! Die Verkopfung und damit die Wissenschaftsgläubigkeit hat nun auch in der Theologie Einzug gehalten. Nichts ist einem Naturwissenschaftler unglaubwürdiger als ein Theologe, der an die Naturwissenschaft glaubt. Ein Naturwissenschaftler, der *über* seine Wissenschaft denkt und nicht im Materialismus eines ausschliesslich physikalisch-chemischen Denkens stehenbleibt, sieht Gott in der Natur und erkennt die Unzulänglichkeit des Laboratoriums. Er sehnt sich nach einem Priester, nach einem Theologen des Gebets, dessen Denken vom Herzen durchdrungen ist und der nicht den Kopf in den Vordergrund stellt. Kurz, nach einem Menschen, dem man glaubt, dass er glaubt. Ein Beispiel von der Verkopfung religiöser Dimensionen ist die Dialektische Theologie, die letztlich auf Kierkegaard zurückführende theologische Bewegung nach dem Ersten Weltkrieg, zu deren Begründern auch Portmanns ehemaliger Hausgenosse, Karl Barth, gehört. Da wird unter der Betonung einer absoluten Transzendenz Gottes den religiösen Erfahrungen des Menschen, zum Beispiel der Herzenslogik Pascals, misstraut. Wie soll ein Naturwissenschaftler, der die Evangelien mit dem Herzen liest, Glauben aus einer Theologie schöpfen, für die, im Misstrauen gegen die religiösen Erfahrungen einer grossen Zahl von Heiligen und einer noch grösseren Zahl von gewöhnlichen Menschen, zu denen er sich vielleicht selbst zählt, «das Verhältnis von Glaube und Wirklichkeit, Offenbarung und Geschichte zu einem umstrittenen Problem wird, dessen Lösung die Anhänger der Dialektischen Theologie mehr und mehr auseinanderführt».[1] Wobei die genannte Wirklichkeit nicht zuletzt Bezug nimmt auf die Wirklichkeit, von welcher die moderne Naturwissenschaft spricht, die sogenannte objektive Welt der Physik. Mit seiner strengen und spekulationsfreien Forschung zeigt Adolf Portmann, wie die Ebenbildschaft Gottes den Menschen aus seinem in der Tierwelt verwurzelten biologischen Dasein über alle Tiere hinaushebt.[2] Im Innern dieser nüchternen Darstellung, in der Innerlichkeit, wie Portmann die Seele nennt, schlägt ein Herz, das – so Augustinus – unruhig ist, bis es in Gott ruht. Dies ist der Lohn, den Gott meinem Lehrer – davon überzeugt mich mein christlicher Glaube – in der Welt, in der er jetzt ist, gewähren wird. Wer sich bemüht, in der Natur Gott zu schauen, wird, je mehr er danach strebt, in Gott die Natur schauen.[3]

Es gibt noch eine andere Art von kopflastiger Religiosität, die einen religiösen Naturwissenschaftler, der eine spekulationsfreie Forschung fordert, an die «Hände» der Gottesanbeterin denken lässt. Das ist die Religiosität der verschiedenen Gruppen von Gnostikern, welche sich auf okkulte Erkenntnismittel berufen. Im Gegensatz zu den religiösen Erfahrungen der Heiligen ist hier nicht das Herz, sondern der Kopf die Pforte eines Schauens in die Bereiche der geistigen Welt. Die alte erste Sünde rückt dann ganz nahe, und dem Hochmut des Kopfes erscheint der Böse als ein Bote des Guten. Diese Verkehrtheit äussert sich in der schlimmsten Form der Eitelkeit: die in gnostischen Kreisen gespielte und zur Schau getragene Bescheidenheit, die Herzlosigkeit des auf der Zunge getragenen Herzens. Adolf Portmann hätte oft Grund gehabt, die von der Goetheschen Naturbetrachtung ausgehenden naturphilosophischen Schriften Rudolf Steiners, des Begründers der Anthroposophie, im Rahmen seiner eigenen naturphilosophischen Arbeiten zu zitieren. Er hat das nie getan. Ich habe ihn nach dem Grund gefragt, zuerst zurückhaltend und dann bei weiteren Begegnungen immer wieder und immer eindringlicher. Schliesslich wich der greise Gelehrte der Antwort nicht mehr aus: Portmann erzählte mir, dass er durch die Anthroposophie seinen besten Jugendfreund verloren habe, weil dieser nach einer Begegnung mit Rudolf Steiner ein Eingeweihter der anthroposophischen Gnosis werden wollte und dies in der Folge vermutlich auch geworden ist. Ein kritisches Gespräch über Steiner und dessen Ansichten sei nicht möglich gewesen, so dass ihm nichts anderes geblieben sei, als sich von seinem Freund zu trennen. Zweifellos sind Steiners Leistungen als Erkenntnistheoretiker der modernen Naturwissenschaft hervorragend. Aber jeder, der schon versucht hat, mit einem Anhänger Steiners, der sich zu den Eingeweihten zählt, über Steiners Ansichten ein kritisches Gespräch zu führen, versteht die Haltung Portmanns. Es ist zu bedauern, dass der

Gnostiker Steiner den Philosophen Steiner in ein Abseits der Philosophiegeschichte gestellt hat. Die Übergänge vom Christentum in die gefährlichen Bereiche der Gnostik können fliessend sein; ein Beispiel ist der heilige Augustinus, der in seiner Jugend den Manichäern nahe gestanden ist. So auch der Paläontologe Edgar Dacqué, der eine Naturphilosophie im Sinne eines johanneischen Christentums vertreten hat.[4] Wie nahe Dacqué mit seinen Darstellungen an Steiners Gnostik stösst, zeigt die Philosophin Hedwig Conrad-Martius, Schülerin Edmund Husserls und Kollegin Edith Steins, in einer Vortragstrilogie über «Der Mensch in der heutigen Naturwissenschaft und Philosophie»[5]: «Wie sehr diese Vorstellung vom Menschen als Ur-, Vor- und Gegenbild der ganzen, hier zunächst tierischen Schöpfung, alten mystischen Lehren entspricht, wie nahe sie auch (mit Dacqués eigener Angabe) anthroposophischen Anschauungen steht, wird jeder Kenner sofort sehen. Dacqué verfällt in seiner metaphysischen Gesamtkonzeption einem der sachlich unheilvollsten Grundirrtümer: nämlich das Hervortreten der Sünde und das damit zusammenhängende Verfallensein des Menschen an tierische Gestaltung und tierische Fortpflanzung (‹Vertreibung aus dem Paradies›) mit der Individualitätswerdung gleichzusetzen, weshalb dann umgekehrt die Erlösung aus diesem heillosen Zustand nur durch die Wiederaufhebung der Individualität möglich wird. Daher Dacqués sonderbare Verherrlichung des Todes als solchen. Wieviel mit dieser verkehrten Grundauffassung zusammenhängt, auch in bezug auf die Mensch- und Tierwerdung, kann hier nicht auseinandergesetzt werden. Jedenfalls wird dadurch der Weg zu einer reinen Herausstellung dessen, was ‹Schöpfung› ist, versperrt. Ganz ähnliches wäre in bezug auf die anthroposophische Weltanschauung zu sagen, obwohl die Dacquésche keineswegs mit dieser gleichgesetzt werden soll. Das Buch Otto Julius Hartmanns ‹Der Kampf um den Menschen in Natur, Mythos und Geschichte›, München und Berlin 1934, das genauso wie das von Hermann Poppelbaum ‹Mensch und Tier›, Basel 1933, grundlegende Einsichten in bezug auf reine Wesensbezeichnung enthält, z.B. dessen, was der Mensch im Unterschied zum Tier ist, ist andererseits ein Musterbeispiel für die Verkehrung (durch falsche Gleichsetzungen usw.) metaphysisch-religiöser, besonders christlicher Sachverhalte.»

Für viele Naturwissenschaftler ist Pierre Teilhard de Chardin ein Vermittler zwischen dem Christentum und der modernen Naturwissenschaft geworden, so auch für Portmann, der mit diesem Seher des kosmischen Raum-Zeit-Geschehens in geistige Beziehung trat. Die beiden Gelehrten sind sich in Paris auch persönlich begegnet. Man könnte Teilhard einen Mystiker der Materie nennen, der manchmal – man lese seine «Hymne an die Materie» – hart an die Grenze des Materialismus gerät. Als Jesuitenpater, der er war, sah er sich von seiner Kirche wenig verstanden. Aber gerade im Zeichen dieses Widerspruchs zwischen jesuitischem Gehorsam und der Freiheit wissenschaftlichen Forschens als Paläontologe bestand seine Vermittlerrolle. Die Zurückhaltung der Kirche ist weise: Wissenschaftliche Theorien können mitsamt ihren Richtigkeiten veralten, die Wahrheit hingegen veraltet nie, weil sie die Antwort auf die Frage nach dem Wer der Welt ist: Gott. Die Kirche ist der Wahrheit verpflichtet und lässt sich nicht von einer Wissenschaft bedrängen, die ihren schnellen Fortschritt in der schnellen Veraltung ihrer Richtigkeiten sieht. Teilhard hat – im Gegensatz zu Portmann – die Urteilskraft der modernen Naturwissenschaft überschätzt. Aber Teilhards Begeisterung war ein Feuer der Liebe, deren Licht Christus auch dort sichtbar machte, wo man Ihn seit der Aufklärung mit Dunkelheit zu verhüllen versucht: in der modernen Naturwissenschaft. Daran muss die Kirche denken, wenn sie gegen Teilhard, der bis zu seinem Tod ihr treuer Priester geblieben ist, ihre berechtigten Vorbehalte anbringt.

Die Wahrheit der Botschaft Christi ist zeitlos. Die Aufgabe der Theologen kann es nicht sein, das Christentum dem Zeitgeist anzupassen. Ist es doch gerade das Unzeitgemässe, das das Christentum auszeichnet: die Lehre von der unbedingten Liebe. Das Christentum war schon bei seiner Begründung unzeitgemäss und wird es solange bleiben, als es nicht in einer Gesellschaft verwirklicht ist, wo der Liebesfähigste und nicht – wie im Materialismus – der Tüchtigste der Beste ist. Vielmehr besteht die Aufgabe der Theologen darin, die Evangelien in der Sprache von heute zu verkünden. Dabei ist zu beachten, dass die Wörter modifiziert werden, aber nicht das Wort, eben, die Evangelien sollen in der Sprache, aber nicht im Geist von heute interpretiert werden. Der «Gott der Theologen» ist aus einer verwissenschaftlichten Interpretation der Evangelien hervorgegangen. Er ist eigentlich ein Götze, der immer wieder von jenen Theologen gezeugt wird, die weltlichen Erfolg haben wollen. Ohne Anpassung an den Zeitgeist ist aber weltlicher Erfolg so schwierig, dass die Erfolgreichen stets im Verdacht stehen, Günstlinge der Zeit zu sein. Ohne Mut zur Demut sollte kein Mensch Theologie studieren, weil der Theologenhochmut das schlimmste Gift für die Religiosität des Volkes ist. Der Theologenhochmut hat mit seiner Bigotterie mehr Menschen von Gott abgebracht als alle atheistischen Ideologien – welch letztere überdies die Folgen des ersteren sind. Wilhelm Emmanuel Freiherr von Ketteler (1811–1877), der als Bischof von Mainz ein Seelsorgebischof und ein Bischof der Arbeiter war, sagte: «Bei der Ausbildung der Priester hat die Kirche von jeher der Wissenschaft die zweite Stelle angewiesen, die erste aber der Erziehung zu einem priesterlichen Leben, zu einem Leben voll Selbstverleugnung, Entsagung und Aufopferung. Die höchste Wissenschaft ist an sich nicht imstande, eine Seele zu bekehren. Dazu gehört vor allem die Gnade Gottes, und diese wird nur mit dem Priester sein, der zuerst mit dem Beispiel und dann mit dem Wort lehrt.»[6] Ein solches Beispiel war dieser Bischof von Mainz.

Die mit dem Blick auf die Gottesanbeterin gefalteten Hände sind ein Symbol für den Aufschrei des religiösen Naturforschers, für das «Schreien zu Gott», wie es im Alten Testament heisst. Das innerliche Schreien des Gebetes: «Mein Gott, so kannst Du nicht sein!» Dieser Schrei der Angst vor dem «Gott der Theologen», der gewiss nicht der Gott der Theologen katexochen ist, sondern die dem Theologenhochmut entsprungenen Vorstellungen von Gott. Die vorliegende Kritik ist also eine Kritik der Liebe und trifft somit niemals die wirklichen Priester, die ja immer Theologen der Demut sind, also Theologen des Gebets. Das zu betonen, ist mir ein Anliegen. Die Theologie des Gebets – des Herzens – ist ein *mit* Gott reden; die Theologie des Hochmuts – des Kopfes – ist ein *über* Gott reden. Wenn man bedenkt, dass man möglichst *mit* den Menschen und nicht über die Menschen reden soll, so wird die Blasphemie eines Redens über Gott, ohne mit Ihm zu reden – zu beten – offensichtlich. Im religiösen Leben ist es entscheidend, dass man einem Menschen glaubt, dass er glaubt – besonders bei einem Theologen. Einem Naturwissenschaftler, der – wie Portmann – über Gott schweigt, glaubt man eher, dass er glaubt, als einem Theologen, der ohne Gebet über Gott redet.

Als gläubiger und praktizierender Katholik bete ich für die Einheit der Christen. So bereitet mir die fortschreitende Spaltung unter den protestantischen Theologien, die sich bis hin zu den «Gott-ist-tot»- und «Atheistisch-an-Gott-glauben»-Theologien deszendiert haben, Kummer. Zu allen Zeiten, auch zu den schlimmsten, hat es in der Kirche aufbauende Kräfte, Helfer statt Reformatoren gegeben. Die letzteren heben die – zum Teil schweren – Fehler der Vertreter der Kirche hervor und vergessen dabei ihre eigene Unzulänglichkeit. Beides ist menschlich und verständlich; sowohl ihr Zorn gegen den Missbrauch kirchlicher Ämter als auch die Überschätzung ihrer eigenen Fähigkeiten. Es ist eben spektakulärer, ein Reformator als ein Helfer zu sein, ein neues Haus zu bauen, statt das alte vor dem Einsturz zu bewahren, wie beispielsweise Franz von Assisi es getan hat. Es braucht für die Demut einen grösseren Mut als für den Hochmut; es braucht mehr Mut, Schaf zu sein, als Löwe sein zu wollen. Der Mut der Theologen sollte immer von der Demut getragen sein. Das sollten jene katholischen Theologen bedenken, welche ihre Kirche reformieren wollen und meinen, sie könnten ein besseres Haus bauen, als das alte, das Christus auf Petrus gebaut hat. Sie handeln nur dann im Sinne des Vatikanischen Konzils, wenn sie in Demut und Gehorsam handeln.

Im technischen Zeitalter ist zwischen technischer und moralischer Verantwortung zu unterscheiden; im Gegensatz zur ersteren ist letztere nicht delegierbar – moralische Verantwortung ist immer persönlich. Sie ist so persönlich wie der Schlaf und dessen «grosser Bruder» – der Tod. Kein anderer kann für einen schlafen oder sterben; auch der, für den ein anderer gestorben ist, wird sterben. Die technische Verantwortung ist die Verantwortung gegenüber Menschen; die moralische Verantwortung ist die Verantwortung gegenüber Gott. Deshalb gibt es ohne Religiosität keine Moral. Ein Atheist bezieht seine Moral aus dem, was er leugnet – aus seiner Ebenbildschaft Gottes. Die Naturwissenschaftler sind für die Folgen ihrer Entdeckungen *moralisch* voll verantwortlich. Die moderne Naturwissenschaft hat sich wertfrei erklärt, als sie gottlos wurde – und wurde wertlos. Ein Naturwissenschaftler handelt dann *moralisch* verantwortungslos, wenn er Religion und Wissenschaft trennt, wenn er bloss in der Kirche und nicht auch im Laboratorium betet. Die moderne Naturwissenschaft hat uns ins Verhängnis der Atombombe geführt, weil die Mehrzahl der Wissenschaftler sich von Gott abgewendet hat. Auch jene, die in eine Kirche gehen, beten dort, wo das Gebet am nötigsten ist, im Laboratorium, nicht. Solange das «ora et labora» des heiligen Benedikt von Nursia nicht auch für die wissenschaftliche Arbeit ernst genommen wird, wird uns die Wissenschaft wegen ihrer Gottlosigkeit immer tiefer ins Verhängnis führen. Ohne Mut zur Demut, ohne Ehrfurcht vor dem Leben, ohne Gottesfurcht gibt es keine Wissenschaft, höchstens eine Wisserei, die heute zu einer Vielwisserei entartet ist.

Die Gottesfurcht ist der Anfang der Weisheit. Wohl verstanden, es heisst Weisheit, nicht Wissen. Wissen ohne Weisheit ist immer sinnlos, auch wenn es sehr zweckvoll ist, wie zum Beispiel die Atombombe. Es gehört mit zur Tragödie der modernen Naturwissenschaft, einem Trauerspiel, dessen letzter Akt jetzt über die Bühne der Geschichte läuft, dass viele Wissenschaftler ihre Religiosität mit den zwiespältig gefalteten «Händen» der Gottesanbeterin zum Ausdruck bringen. Die Naturwissenschaftler leiden, wie wir im nächsten Kapitel sehen werden, nicht weniger unter dem «Galilei-Trauma» als die Theologen. Wenn die Wunde auch nicht an derselben Stelle schmerzt, so hat die Entzweiung bei beiden zu einer Entfernung von Gott geführt, zum Mythos, der von wissenschaftsgläubigen Theologen mit dem Begriff Entmythologisierung belegt wird.

1 Lexikon der Religionen, Begründet von Alfred Bertholet, Stuttgart 1976.
2 Adolf Portmann: «Biologische Fragmente zu einer Lehre vom Menschen», Basel 1951.
3 Albert Peyriguère: «Von Gott ergriffen», Stuttgart 1971.
4 Edgar Dacqué: «Urwelt, Sage und Menschheit», München 1924.
5 Hedwig Conrad-Martius: «Schriften zur Philosophie», 1. Band, München 1963.
6 Paul H. Schmidt: «Wilhelm Emmanuel Freiherr von Ketteler», Bern 1981.

Das Galilei-Trauma

Bis zu seinem Tod ist der Mensch durch seinen Körper aufs innigste mit der Materie verbunden. Und zwar sowohl mit der Materie des eigenen Körpers als auch – durch die Naturgesetzlichkeit des Stoffwechsels zur Aufnahme von Nahrung und Atemluft gezwungen – mit der Materie der Umwelt, der Erde, von welcher sein Körper ein Teil ist. Aber die Bindung des inkarnierten Menschen mit der Materie geht über die Erde hinaus: Ohne das Licht der Sonne ist kein biologisches Leben möglich. Da die Materie im Raum existiert, hängt die Innigkeit der Beziehung zwischen Geist und Materie von der räumlichen Distanz ab; am innigsten ist sie in der Durchdringung von beiden im menschlichen Körper. Die Beziehung wirkt zwischen einem geistigen Pol – der Geistig-keit – und einem materiellen Pol – der physikalisch-chemisch messbaren Materig-keit. Die Kräfte, mit welchen die Materie die biologischen Prozesse beeinflusst, werden mit der räumlichen Entfernung gewiss abnehmen. Aber es wäre leichtfertig zu behaupten, dass Gestirne keine Wirkung auf die Lebewesen ausüben.

Anders liegen die Verhältnisse im Bereich der Geistigkeit, deren Dimensionen über Raum und Zeit hinausgespannt sind in einem Bogen, der vom Jenseits ins Diesseits reicht. Da sind die raum-zeitlichen Entfernungen gegenstandslos. Wenn der Mensch sich im Tod von der Materie löst, werden ihm jene Fernen nahe kommen, welche beim Anblick des gestirnten Himmels in seinem Herzen das Heimweh nach dem Land der Schönheit entflammen, nach der Heimat der Liebe. Die Vermittlerin zwischen Jenseits und Materie ist die Seele als die Gestalterin der Lebensformen. Da es im Materialismus keine Seele gibt, ordnen die Molekulardarwinisten den Lebensformen eine nebensächliche Bedeutung zu und glauben, die Gestalten- und Farbenwunder der Schöpfung als eine Folge von Zufällen und physikalisch-chemischen Notwendigkeiten erklären zu können. Wie Hermann Hesse sagt, zeichnen sich die materialistischen Wissenschaftler dadurch aus, dass sie dasjenige, was sie nicht verstehen, erklären. Verständnis bedarf keiner Erklärungen. Die Seele, im Menschen zur Trägerin des Geistes erhoben und dadurch der Beseelung der Tiere und Pflanzen entrückt, ist unsterblich wie der Geist. Aber in dieser und in jener Welt leben die Menschen in der Gemeinschaft der Tiere und der Pflanzen: Die ganze Schöpfung zieht heimwärts, kehrt zurück ins Paradies, wo die Rosen keine Dornen und die Löwen keine Krallen haben. «Denn das ängstliche Harren der Kreatur wartet auf die Offenbarung der Kinder Gottes. Sintemal die Kreatur unterworfen ist der Eitelkeit ohne ihren Willen, sondern um deswillen, der sie unterworfen hat, auf Hoffnung. Denn auch die Kreatur wird frei werden von dem Dienst des vergänglichen Wesens zu der herrlichen Freiheit der Kinder Gottes. Denn wir wissen, dass alle Kreatur sehnt sich mit uns und ängstigt sich noch immerdar» (Röm 8,19–22). Als Vermittlerin zwischen Geist und Materie steht die Seele den Naturgesetzlichkeiten des biologischen Lebens näher als der Geist. Tiere und Pflanzen sind deshalb empfindsamer für die aus der Raum-Zeit-Ferne wirkenden Kräfte der Gestirne als die Menschen. Insofern könnte man mit Ludwig Klages den Geist einen Widersacher der Seele nennen. In einer entsprechenden Richtung bestehen ja auch Unterschiede zwischen den Menschen der sogenannten Naturvölker und den Vertretern intellektueller Kreise.

Wie ich in einem früheren Buch[1] gezeigt habe, war die Botschaft Christi von der Befreiung des Menschen aus der Bindung an Volk, Sippe, Stand usw. die Voraussetzung für die Entstehung der modernen Naturwissenschaft: «Und da Jesus von dannen ging, sah er einen Menschen am Zoll sitzen, der hiess Matthäus; und sprach zu ihm: Folge mir! Und er stand auf und folgte ihm» (Mt 9,9). Mit dem Ansprechen des einzelnen Menschen hat Christus die Totalität der menschlichen Individualität von allen Bindungen an die Gesellschaft und Umwelt befreit: *Jeder* kann Christ werden und sein, unabhängig von seiner Herkunft und seiner Zugehörigkeit. Die erste Voraussetzung für das Haupterkenntniswerkzeug der modernen Naturwissenschaft war damit gegeben: die beim systematisch-reproduzierbaren Laboratoriumsexperiment geforderte Subjekt-Objekt-Trennung. Nur christliches Bewusstsein war in der Lage, aus der Metaphysik des klassischen Altertums die Physik abzuspalten, aus dem staunenden Was das zweckvolle Wie loszulösen, aus den umfassenden Qualitäten die nutzbringenden Quantitäten zu extrahieren. Die Möglichkeit zur modernen Naturwissenschaft ist eine Folge des Christentums ebenso wie ihr Missbrauch durch den Materialismus eine Folge des missbrauchten Christentums ist, eines Unchristentums, das aus der missbrauchten Freiheit Christi hervorgegangen ist. Diese Freiheit von Gott – statt einer Freiheit *für* Gott – brachte uns den Unwert einer sogenannt wertfreien Naturwissenschaft. Werner Heisenberg nannte sie die christliche Art der Gottlosigkeit.

Im ausgehenden Mittelalter begann die Materie als ein Gegenüber in das Bewusstsein der Menschen einzudringen – sie wurde Gegenstand. Albertus Magnus (1193–1280) begann die Natur objektiv, von ihr Ab-stand nehmend zu beschreiben. Sein Schüler Thomas von Aquin (1225–1274) durchdrang die aristotelische Metaphysik mit christlichem Denken, die Loslösung der Physik vorbereitend. Weitere bedeutende Schritte hin zur Ver-gegen-ständlichung der Materie sind dreimal mit dem Namen Nikolaus verknüpft: Nikolaus von Autrecourt (gest. nach 1350), Nikolaus von Oresme (1320–1382) und Nikolaus von Kues (1401–1464), der – schon in der Renaissance stehend – die Materie durch ihre Schwere mit der Waage misst. Leonardo da Vinci (1452–1519) erschliesst mit seiner Perspektive der Messung den Raum. Und wieder ein Nikolaus – Nikolaus Kopernikus (1473–1543) – öffnet, die kristallenen Himmelsphären des ptolemäischen Kosmos zerbrechend, den Raum in die grenzenlosen Weiten des Universums von Giordano Bruno (1548–1600). Nun stand dem Blick durch das Fernrohr Galileo Galileis (1564–1642) nichts mehr im Wege. Der Mensch trat aus der bergenden Geschlossenheit des griechischen Kosmos hinaus in die Unendlichkeit des modernen Universums. Er stellte sich der Welt, auf der er stand, gegenüber – er machte die Erde zum Gegen-stand. Er nahm die Materie und entfernte sich von ihr so weit wie möglich, ohne jedoch mit ihr den körperlichen Kontakt zu verlieren: bis zu den Spitzen der Finger seiner experimentierenden, messenden Hände. Und er verlängerte und verfeinerte seine Hände mit Legionen von Instrumenten, um die Materie noch weiter von seinem Selbst entfernt, noch getrennter vom Subjekt, als reines, vom Subjekt

Galileo Galilei – Stich von anno 1624

unbeeinflusstes Objekt objektiv betrachten zu können. Von den Erfolgen des Experimentierens geblendet, vergass der Mensch, dass sein Geist an seinen Körper gebunden ist, dass wegen der Subjektgebundenheit seiner Sinne die von seinem Geist geforderte objektive Wahrnehmung der Sinnenwelt – der Physik – nicht möglich ist. Durch diesen Zirkelschluss fiel der Mensch gewissermassen in sich selbst. Sein Geist stürzte sozusagen in seinen Körper, das Subjekt in das Objekt, von welchem es sich trennen wollte. Dieser Sturz in sich selbst verursachte die Betäubung des Materialismus, in welchem sich der Geist für ein Produkt der Materie hält. Der Betrachtende sieht sich als eine Hervorbringung dessen, dem er sich gegenüber gestellt zu haben glaubt. Der Zirkel beisst sich dort in den Schwanz, wo das Ich, die Individualität des Geistes, sich als ein Produkt seines eigenen Körpers sieht, des Körpers, dessen Selbst sich mit der Hand selbst anfassen – be-greifen – kann. Eine Vorstellung, die – wenn der Materialismus konsequent zu Ende gedacht wird – verlangen muss, dass der Geist nicht den Arm, sondern dass der Arm den Geist bewegt.

Indem sich der Mensch immer stärker an die Materie band und dadurch seinen Körper zum Träger und Mittelpunkt seines Seins machte, meinte er, ebenso müsse auch das Zentrum der Welt materiell sein. Die Frage, ob die Welt geo- oder heliozentrisch sei, wurde in der zweiten Hälfte des 16. Jahrhunderts zu einem sowohl theologischen als auch naturwissenschaftlichen Problem, das bald in einen hässlichen Streit ausartete. Wenn die Menschen das Zentrum der Welt in der Materie, also bei einem Himmelskörper im Raum der Astronomen suchen, so werden sie bald jede Orientierung verloren haben. In den endlosen Weiten des Universums gibt es kein zentrales Gestirn. In einem solchen Weltbild zerfallen die Erde sowie die übrigen Planeten mitsamt der Sonne zu kosmischen Staubkörnern, und der Mensch wird ein Nichts. Das ist die konsequente Folge materialistischen Denkens, das beim Streit um eine geo- oder heliozentrische Welt seinen unseligen Anfang genommen hat. In Hinsicht auf die in der Genesis geoffenbarte Wahrheit wird diese Frage gegenstandslos, weil die Welt weder geo- noch helio-, sondern theozentrisch und somit seit dem Mysterium der Auferstehung christozentrisch ist. Einschliesslich der Materie ist die Welt ein Liebesgeschenk Gottes an die Menschen; durch die Liebe Gottes stehen die Menschen in einem noch so grossen All im Zentrum der Welt, die in ihrem Wesen nicht materiell, sondern geistig ist. Ein Teil dieser Geistigkeit besteht in jenem Geschöpf, welches die Materie der Welt als solche zu erkennen vermag: im Menschen. Franz Werfel lässt in seinem Zukunftsroman «Stern der Ungeborenen» die nachmalige Menschheit erkennen, dass sie die geistige Mitte des Kosmos ist. «Wenn schon die Erde nach Ihren Worten eine Anomalie ist», fragt in einer Unterhaltung mit einem ungläubigen Astronomen der Dichter, «was ist dann erst die Menschheit?... Als ich von dem Gelehrten schied, erkannte ich, dass die Wissenschaft mich im Glauben wider Willen gestärkt hatte. Wenn die Erde wirklich die abnormalste aller Anomalien ist, so kreist sie schon aus diesem Grunde in der innersten Mitte des Universums, die nur eine geistige Mitte sein kann, weil ja alle Raum- und Zeitmasse innerhalb des Universums sinnlos sind. Und wenn die Menschheit wirklich der grosse Ausnahmefall ist, wie leicht musste es jedermann fallen zu glauben, die Menschheit sei die Krone und der Zweck der Schöpfung, und Gott habe von Anfang an beschlossen, nicht Sirius und Kassiopeia zu werden, um sich in der Kreatur zu verkörpern, sondern etwas Selteneres, Grösseres und Kostbareres, nämlich ein Mensch.»

Wer Gott im Sternenhimmel und im Wassertropfen mit blossem Auge nicht sieht, sieht ihn auch mit Teleskopen und Mikroskopen nicht. Die Schaukraft des Herzens kann mit Instrumenten nicht vergrössert werden. Der Materialismus wurde durch die geistige Arbeit jener Naturwissenschaftler überwunden, die nicht bloss physikalisch-chemisch denken, sondern auch über das Wesen der Chemie und Physik nachdenken. So ist es die philosophische Arbeit an der modernen Physik des Weltraums, an der Allgemeinen Relativitätstheorie von Albert Einstein, welche aus diesem geistigen Grund heraus erkennt, dass die Erde sogar ein materielles Zentrum der Welt sein kann. Und weil die Physik nichts Physikalisches, sondern etwas Geistiges ist, eben ein Produkt des menschlichen Denkens, ist in der Naturwissenschaft die Erde wieder das geworden, was sie dem religiösen Menschen schon immer war: das in Gott lebende geistige Zentrum der Welt. So schreibt der für seine grundlegenden Forschungen in der Quanten- und Wellenmechanik mit dem Nobelpreis für Physik ausgezeichnete Max Born in seinem Buch über «Die Relativitätstheorie Einsteins»[2]: «Damit ist die Rückkehr zu des Ptolemäus Standpunkt der ‹ruhenden Erde› ins Belieben gestellt. Es würde das die Benutzung eines mit der Erde fest verbundenen Bezugssystems bedeuten, in dem alle Fixsterne eine Rotation mit gleicher Winkelgeschwindigkeit um die Erdachse ausführen. Es ist nicht ausreichend, einfach die übliche Metrik in das rotierende System zu transformieren. Man muss zeigen, dass die transformierte Metrik in Übereinstimmung mit Einsteins Feldgleichungen erzeugt wird durch die rotierenden fernen Massen. Das ist von Thirring ausgeführt worden. Er hat das Feld berechnet, das eine hohle, dickwandige Kugel in ihrem Innern erzeugt, wenn sie rotiert, und konnte beweisen, dass im Kugelinnern tatsächlich Kräfte von der Art der Zentrifugalkraft und anderer Trägheitskräfte auftreten, die man für gewöhnlich dem absoluten Raum zuschreibt. Daher haben, von Einsteins Standpunkt gesehen, Ptolemäus und Kopernikus *gleiches* Recht. Welchen Ausgangspunkt man wählt, ist Sache der Bequemlichkeit. Für die Mechanik des Planetensystems ist allerdings die Auffassung des Kopernikus die bequemere.» Der lutherische Theologe Andreas Osiander (1498–1552) hat zum 1543 erschienenen Hauptwerk von Nikolaus Kopernikus über die Umdrehungen der Himmelskörper («De revolutionibus orbium coelestium») eine Einleitung verfasst, in welcher er zum Ausdruck brachte, dass man – wenn man wolle – den Sternenhimmel auch so betrachten könne. Diese Relativierung wurde – und wird immer noch – von manchen Wissenschaftlern als Affront eines überheblichen Theologen gegen die Physik mit Empörung zurückgewiesen. Aus der Sicht der modernsten Physik wirkt Osianders Vorwort wie eine Ironie des Schicksals und lässt an Nietzsche denken: Überzeugungen sind schlimmere Feinde der Wahrheit als Lügen. Leider sind nicht alle berühmten Wissenschaftler auch grosse Wissenschaftler wie Albert Einstein oder Max Born. Ohne Bekenntnis gibt es keine Erkenntnis, höchstens ein Wissen, das alles erklärt, aber nichts versteht. Die materialistische Naturwissenschaft gibt den Menschen viele, zum Teil sich widersprechende Erklärungen, aber kein Verständnis für die Welt, in der sie leben. Verständnis setzt Liebe voraus, welche für den Materialisten nichts anderes ist als eine Folge der Chemie von Hormonen.

Wie allgemein bekannt ist, drehte sich der Prozess, welcher Galilei von der Inquisition in Rom im Sommer 1633 gemacht worden ist, um die Frage einer geo- oder heliozentrischen Welt. Also um eine Frage, die, wie wir gesehen haben, in letzter Konsequenz sowohl theologisch als auch naturwissenschaftlich bedeutungslos ist. Galilei hat am 22. Juni 1633 im grossen Saal des Dominikanerklosters von Santa Maria sopra Minerva unter dem Druck der angedrohten Folter sein heliozentrisches Weltbild mit einem Eid widerrufen. An diesem Tag wurde dem Geistesleben Europas eine Wunde geschlagen, welche durch die von Galilei begründete «Neue Wissenschaft» sich über alle Erdteile ausgebreitet hat und die bis zum heutigen Tag nicht geheilt ist: das Galilei-Trauma. Das Urteil der Inquisition hat nicht nur die getroffen, die geschlagen wurden – die Wissenschaftler –, sondern auch jene, die das Schwert gezogen haben –: die Theologen. Die Wunde schwärt aus zwei Gründen weiter.

Zum ersten: Eine wissenschaftliche Feststellung oder Erwägung kann nicht durch ein theologisches Verdikt für ungültig erklärt oder gar verboten werden. Die Vertreter der Kirche haben beim Galilei-Prozess offensichtlich ihre Macht missbraucht; eine Macht, die sie eben durch diesen Missbrauch verloren haben. Wenn Theologie und Wissenschaft sich widersprechen, so hat sich die eine oder die andere von Gott entfernt – oder beide. Ohne Religion, also – wie das Wort sagt – ohne Bindung an Gott, gibt es keine Wissenschaft (höchstens eine Anhäufung von Wissen) und auch keine – wie man im Zeitalter der Gott-ist-tot-Theologie leider sagen muss – Theologie (höchstens eine Zerwissenschaftlichung des Glaubens). Wie gezeigt wurde, tastet die Frage einer (materiell) geo- oder heliozentrischen Welt keine Substanz des christlichen Glaubens an. Es war gewiss nicht weise, Galilei für das zu verurteilen, für das er verurteilt worden ist. Die Unweisheit ist so gross, dass es schwer zu glauben ist, einige der Inquisitoren hätten diese Ungereimtheit nicht wenigstens geahnt. Sicher darf vermutet werden, dass es dabei auch um Fragen politischer Macht gegangen ist, etwa in Hinsicht folgender Konsequenz: Wenn die Erde nicht das Zentrum der Welt ist, so kann auch Rom nicht das Zentrum des Zentrums sein. Materielle Macht fordert ein materielles Zentrum, und der Anspruch auf solche Macht gehört zu den schweren Sünden kirchlicher Würdenträger jener Zeit. Sehr wohl ist Christi Reich auch in dieser Welt, aber es ist nicht *von* dieser Welt, wie Papst Johannes Paul II. in einem Schreiben an die Priester sagt.[3] Gott kann nur Sünden vergeben, die bereut werden. Anlässlich der Feier zum 100. Geburtstag von Albert Einstein im Rahmen der Päpstlichen Akademie der Wissenschaften hat Johannes Paul II. bekannt, dass Galileo Galilei durch die Organe der Kirche viel Unrecht geschehen ist: «Herr Präsident! Sie haben in Ihrer Ansprache sehr richtig gesagt, dass Galilei und Einstein je eine Epoche charakterisiert haben. Die Grösse Galileis ist wie jene Einsteins allen bekannt; doch zum Unterschied von dem, den wir heute im Beisein des Kardinalskollegiums im Apostolischen Palast ehren, hat der erste – wir wollen das nicht verschweigen – von den Männern und Organen der Kirche viel zu leiden gehabt. Das Zweite Vatikanum hat gewisse unrechtmässige Eingriffe zugegeben und bedauert.»[4] – Es wäre jedoch ebenfalls ein Unrecht, wenn man die Beweggründe für Galileis Verurteilung allein in den politischen Machtansprüchen der Römischen Kurie suchen würde. Die Mitglieder des Hl. Offiziums haben sich erwiesenermassen sehr gewissenhaft und mit Sachkenntnis mit den wissenschaftlichen Arbeiten des Galilei auseinandergesetzt. Dabei müssen sie etwas von dem geahnt oder sogar gesehen haben, was hinter dem heliozentrischen Weltbild in der Neuen Wissenschaft verborgen lag: die wirkliche Sünde des Galilei.

In dieser Sünde besteht der zweite Grund für das immer noch schwärende Galilei-Trauma. Es ist die Sünde des Hochmuts in der Form der intellektuellen Eitelkeit: Galilei vertrat die Ansicht, dass das – wie er sagte – «Buch der Natur» in der Sprache der Mathematik geschrieben sei, so dass man, wenn man darin lesen wolle, die Mathematik beherrschen müsse. Mit dieser Behauptung erhöhte er sich als Mathematiker selbst. Dies ist die eine Hälfte der Sünde des Hochmuts. Die andere Hälfte besteht aus einer besonders gefährlichen Art der Lüge, die meistens durch Selbstbetrug aus dem Hochmut hervorgeht: Die Proklamation einer Teilwahrheit zur ganzen Wahrheit. Sie ist deshalb eine gefährliche Lüge, weil es mit einer gewandten Dialektik stets möglich ist, die Lüge mit der Teilwahrheit zu kaschieren. Darauf beruht nicht nur der Erfolg des dialektischen Materialismus, sondern des Materialismus überhaupt. Zweifellos gibt es im «Buch der Natur» einige Abschnitte, die in der Sprache der Mathematik geschrieben sind; die Quantitäten. Aber der weitaus grösste Teil der Natur gehört zum Bereich der Qualitäten, die weder mess- noch berechenbar sind. Alle Anstrengungen der Materialisten, die Qualitäten auf Quantitäten zu reduzieren, sind vergeblich. Da hilft auch kein Lenin und kein Stalin, die im Chor ihrer Ideologen behaupten, die Qualitäten seien nichts anderes als eine Summe von Quantitäten. Gewiss haften allen Qualitäten Quantitäten an, aber die Quantitäten sind immer das Sekundäre. Nicht das Kilogramm ist entscheidend, sondern die Tatsache, ob es sich um ein Kilogramm Gold oder um ein Kilogramm Sand handelt. Der heute die ganze Erde bedrohende Materialismus mit der Atom- und Gentechnologie als seine unheilschwangersten Töchter ist eine Folge der Sünde des Galilei. Davon eben mag das Heilige Offizium etwas geahnt haben, wenn es auch die Folgen der Neuen Wissenschaft des Galilei nicht kennen konnte. Aber die eitlen Ansprüche, das «Buch der Natur» mit Hilfe der Mathematik lesen zu können, waren erkennbar. Als christliche Theologen wussten sie, dass der Hochmut und die Eitelkeit die Eltern aller Sünden sind.

So ist heute das zweifach verwurzelte Galilei-Trauma in doppelter Weise wirksam geworden. Einerseits haben die Theologen, insbesondere manche massgebenden Vertreter der katholischen Kirche, aus begreiflichen Gründen Angst vor einem «zweiten Fall Galilei». Andererseits wird der weitaus grösste Teil der Naturwissenschaftler nicht müde, immer wieder und von neuem auf den «Fall Galilei» hinzuweisen, um mit diesem «Skandal» ihre wertfreie – das heisst von religiösen Werten freie, also gottlose – Forschung zu rechtfertigen und sich moralisch-ethische Ermahnungen von seiten der Kirche zu verbitten. Dabei übersehen sie die «Skandale» in ihren eigenen Reihen und vergessen, dass eine Ablehnung der Kirche wegen der Unzulänglichkeit ihrer Vertreter auf derselben «Logik» beruht, wie eine – vielleicht nicht mehr so ferne – Ablehnung der Wissenschaft wegen der Arroganz ihrer Experten. Die zweifache Verwurzelung des Galilei-Traumas ist ein Paradoxon, das dazu geführt hat, dass es heutzutage immer mehr gottesfürchtige Naturwissenschaftler gibt, welche die Theologen beschwören, doch um Gottes willen nicht wissenschaftshörig oder gar wissenschaftsgläubig zu sein; Naturwissenschaftler, die ihnen zurufen, dass die Welt dringend Priester braucht, Theologen, denen man glaubt, dass sie glauben! So wird die Naturwissenschaft, die seit der Aufklärung zu einem Werkzeug zur Leugnung Gottes geworden ist, immer mehr zu einem Zeugnis für Gott. Das kann nicht anders sein, deshalb waren alle grossen Naturwissenschaftler tief religiös. Eine zu Ende gedachte Wissenschaft, eine Chemie und eine Physik, die nicht bei der Materie stehen bleiben, die sich nicht mit system-immanenten Richtigkeiten begnügen, können der Wahrheit – Gott – nicht widersprechen.

Aber auch die Philosophen und – eine Unterscheidung, auf die Eduard von Hartmann Wert gelegt hat – Philosophieprofessoren leiden unter dem Galilei-Trauma: Am XVI. Weltkongress für Philosophie, 1978 in Düsseldorf, wurde der australische Gehirnphysiologe Sir John Carew Eccles (geb. 1903), Nobelpreis für Medizin 1963 (gemeinsam mit Alan Lloyd Hodgkin und Andrew Fielding Huxley «für ihre Entdeckungen über den Ionen-Mechanismus, der sich bei der Erregung und Hemmung in den peripheren und zentralen Bereichen der Nervenzellenmembran abspielt»), heftig angegriffen, weil er auf Grund seiner Forschungen die vom Gehirn unabhängige Existenz eines immateriellen Geistes annimmt. In seiner Theorie der Geist-Körper-Wechselwirkung nimmt der Geist eine aktive, personale Rolle ein. Der Geist empfängt und gibt Anregungen, vergleichsweise spielt er auf dem Gehirn wie der Pianist auf dem Klavier. In einem gemeinsamen Werk[5] mit dem englischen Erkenntnistheoretiker Sir Karl Popper (geb. 1902 in Wien) bringt Eccles in aller Deutlichkeit zum Ausdruck, dass ihn seine jahrzehntelangen Arbeiten über das menschliche Gehirn in seinem Glauben an Gott und eine jenseitige, übernatürliche Welt bestärkt haben, während sein Koautor als ein Kritiker und Gegner des Wiener Neopositivismus eher als Agnostiker auftritt. Offensichtlich sahen sich die Philosophen, die Eccles so heftig widersprachen, gezwungen, ihren zusehends unhaltbar werdenden Materialismus mit einem Angriff, also unphilosophisch zu verteidigen. Für den Materialisten darf der Mensch alles sein, nur um Gottes willen nicht ein Geschöpf Gottes mit einer vom Körper unabhängigen und unsterblichen geistigen Individualität. Viel eher lässt ihr Hochmut materialistische Kompromisse aller Schattierungen gelten, bis hin zu hylopsychischen Kryptomaterialismen oder Monismen altbekannter Haeckelscher Prägung. Die Gottesanbeterin ist zum Wappentier der unter dem Galilei-Trauma leidenden Wissenschaftler geworden – der Naturwissenschaftler, denen die Kraft nicht ausreicht, die Hände zum Gebet zu falten; die wohl genügend Mut haben, den Hochmut zu überwinden, aber zu wenig Mut für die Demut. Der Brand des Galilei-Traumas schmerzt – wenn auch nicht an denselben Stellen – Wissenschaftler, Theologen und Philosophen gleichermassen.

Die theozentrische Welt gleicht der geozentrischen Welt: Sie hat ein Oben und ein Unten – Himmel und Hölle. Im Weltbild der materialistischen Naturwissenschaft sind Oben und Unten so gegenstandslos wie Himmel und Hölle – wie das Gute und das Böse. Die aus dem Deutschen Idealismus hervorgegangene Dialektik hat jenes gefördert, das Hegel mit seiner Philosophie zu bekämpfen glaubte: den Materialismus. Der Hochmut gräbt sich immer seine eigene Grube. So auch Nietzsche, der mit seiner «Umwertung aller Werte» dem ihm verhassten Materialismus Steigbügeldienste geleistet hat. Die dialektisch-materialistische Relativierung aller Dinge kennt höchstens ein «sogenanntes Böses» (Konrad Lorenz) und statt des Guten eine auf dem Sexualtrieb beruhende «Negaggression». Die Mutter des Materialismus, die moderne Naturwissenschaft, ist das Kind einer Kraft, die nach unten wirkt: der Schwerkraft. Der pendelnde Leuchter im Dom von Pisa, die legendären, vom schiefen Turm fallen gelassenen Steine, die für Newton nicht mehr selbstverständlich vom Baume fallenden Äpfel haben die Wunde des Galilei-Traumas geschlagen. In der Wissenschaft der kommenden Kultur wird diese Wunde von einer Kraft geheilt werden, die nach oben wirkt – der Lebenskraft.

In der materialistischen Naturwissenschaft wird die Lebenskraft geleugnet, weil sie physikalisch-chemisch nicht messbar ist. Das Wachstum der Lebewesen wird als eine Folge von ausschliesslich physikalisch-chemischen Prozessen verstanden. Dies ist ein Beispiel der Lüge, wie eine Teilwahrheit zur ganzen Wahrheit proklamiert wird, weil vom beschränkten Horizont des Materialismus aus immer nur die Materie sichtbar ist. Gewiss sind physikalisch-chemische Prozesse notwendig für das Leben, aber sie sind eben nicht hinreichend. Die Naturwissenschaft des verwirklichten Christentums wird die Gesetze des Lebens zu ihrem Fundament haben. Damit werden auch die Gesetze der Chemie und Physik erfasst, weil die über den physikalisch-chemischen Gesetzen stehenden Lebensgesetze die Gesetze der Materie beinhalten. Das Leben bedient sich der Materie und nicht umgekehrt. Die materialistischen Wissenschaftler starren gebannt auf ihre Messinstrumente, die *immer* etwas anzeigen, und meinen, dieses Immer sei ein Alles. Somit versuchen sie das Unmögliche: Mit dem Messbaren das Unmessbare zu erfassen – das Leben. Das irdische Oben ist ein Bild des jenseitigen, des raumlosen Oben – des Guten: der Himmel siegt über die Hölle. Materie und Leben stehen im Verhältnis messbar-unmessbar zueinander, wobei sowohl das Messbare als auch das Unmessbare verstehbar sein kann. Leider wird in der modernen Naturwissenschaft sehr oft – weil die Messung stets angestrebt wird – Messen mit Verstehen verwechselt. Diesseits und Jenseits stehen im Verhältnis verstehbar-unverstehbar zueinander, wobei sowohl das Verstehbare als auch das Unverstehbare glaubbar sein kann. Für das erstere reicht der Verstand aus, so dass es dafür der höchsten Erkenntniskraft, des Glaubens, nicht notwendigerweise bedarf. Zur Erkenntnis des Jenseits hingegen ist der Glaube unabdingbare Voraussetzung. Das Höchste bedarf des Höchsten Geistesgutes, das dem Menschen gegeben ist, eben des Glaubens. Es gibt keine höhere Entwicklungskraft als der Glaube. Das gilt auch für den Ungläubigen, weil auch er seinen Unglauben nur mit dem Glauben, dass er nicht glaubt, aufrecht erhalten kann. So wie es keinen wissenschaftlichen Gottesbeweis gibt, gibt es auch keinen wissenschaftlichen Beweis für die Nichtexistenz Gottes. Beide Fälle sind Gegenstand des Glaubens; nur verlangt der Unglaube einen stärkeren Glauben als der Gottesglaube, weshalb die Atheisten ihren Glauben mit der ihnen eigenen Leidenschaft verteidigen. Wenn die Materialisten die Bereiche des Unverstehbaren leugnen, so beruht dies meistens auf einer Unkenntnis mangels Studium religiöser Texte. Wenn sie sich trotz mangelnder Kenntnisse ein Urteil anmassen, könnte es ihnen geschehen, dass sie sich in jener Welt als Oxymora wiederfinden, wo – in Abwandlung des Christuswortes «...und sind Erste, die werden die Letzten sein» (Lk 13,30) – die Gescheitesten die Dümmsten sind.

Gemälde von Luigi Sabatellio im Museo di Fisica e Storia Naturale in Florenz: Galilei beobachtet einen an einer langen Kette aufgehängten, schwingenden Leuchter im Dom zu Pisa und entdeckt dabei die Konstanz der Erdbeschleunigung.
Photo: Inge Hugenschmidt, Basel.

Zum Studium religiöser Texte ist eine tiefe Sprachkenntnis erforderlich, man muss die Sprache der Sprachen beherrschen – das Gebet. Wie alle Sprachen muss auch das Gebet gelernt werden, wenn es nicht Teil der Muttersprache ist. Tragischerweise lehren heute Millionen von Müttern ihre Kinder nicht mehr beten – weil sie es selbst nicht können. Aber ohne die Sprache der Sprachen wird jede Sprache unverständlich, man hört die Wörter, aber man versteht das Wort nicht. Ohne die verbindende Sprache des Herzens schwatzen wir die Sprachen des Turmbaus von Babel. Anlässlich eines Vortrags wurde mir vorgeworfen, dass ich mit einer Forderung des Gebets, dem «ora et labora» des heiligen Benedikt, als Bedingung für ein sinnvolles Leben, eine Diskussion unmöglich mache, wenn jemand nicht beten wolle. Das stimmt, aber ein gutes Leben ohne Gebet ist ebenso unmöglich wie ein gutes Gespräch ohne Sprache. Im Zeitalter der Dialektik mit ihrem Bogen vom dialektischen Materialismus bis zur dialektischen Theologie wird eine Diskussion gerne mit einem Gespräch verwechselt. Eine Diskussion ohne Gebet mag möglich sein; das Wort Diskussion stammt vom lateinischen discutere, was zerspalten, zerschlagen, zerschneiden oder zersplittern bedeutet. Ein Gespräch hingegen kann man nur mit Menschen führen, mit welchen man auch schweigen und beten kann. Im Gebet besteht das eigentliche Recht des Menschen, aus dem sich alle seine übrigen Rechte ableiten: das Recht, mit dem Schöpfer sprechen zu dürfen. Dieses königliche Recht erhebt den Menschen über alle Kreatur. Es ist ein Irrtum, zu meinen, wir hätten noch andere Rechte, zum Beispiel ein Recht auf den eigenen Körper. Wir haben deshalb kein Recht auf unseren «Bauch» (wie es im Jargon der Politiker heisst, welche die Abtreibung legalisieren wollen), weil der «Bauch» nicht uns gehört. Unser Körper ist ein Geschenk des Schöpfers, über das nur er verfügen kann. Die Legalisierung der Abtreibung ist eine Letalisierung – Tötung – des fundamentalen Gesetzes «Du sollst nicht töten» (Ex 20,13). Da ein Volk ein Gesetz Gottes nicht töten kann, wird es – wie die Bücher der Propheten zeigen – beim Versuch, es zu tun, selbst getötet.

Wer sagt, die Forderung zu beten nehme einem Nichtbetenwollenden die Möglichkeit, an einem Gespräch über Fragen des Lebens teilzunehmen, setzt sich in die Situation eines Reisenden, der beispielsweise nach Frankreich fährt und dort feststellt, die Forderung französisch zu sprechen nehme ihm die Möglichkeit, an einem Gespräch teilzunehmen. Gewiss, er wird sich auch ohne Französisch behelfsmässig verständigen können. Ähnlich geht es dem Nichtbetenden; er kann sich in den grundlegenden Fragen des Lebens – in religiösen Fragen also – durch die in jedem Menschen vorhandenen Anlagen zum Gebet mehr oder weniger gut, aber immer radebrechend verständigen. Etwas ohne Gott tun zu wollen, ist im günstigsten Fall stümperhaft, meistens aber verhängnisvoll. Arbeit ohne Gebet ist eine Sünde des Hochmuts, die – wie unsere Zeit zeigt – stets ins Verhängnis führt. Keine noch so raffinierte Technologie kann uns vor dem Untergang des Materialismus retten; der Materialismus wird – wie jede gottlose Epoche – untergehen. Ob das Ende, an dessen Anfang wir heute stehen, schrecklich ist, oder ob die Menschheit den Hochmut mit dem Mut zur Demut überwindet und dabei geistige und seelische Werte aufbaut, hängt allein von der Kraft des Gebets ab. Die Hoffnung ruht auf den im Gebet gebeugten Rücken der Demütigen; ihre Zahl vermehrt sich, und zwar besonders dort, wo der materielle Überfluss schon versiegt ist. In der kommenden Armut an materiellen Gütern werden die Ärmsten die Reichsten – die Letzten die Ersten sein. Sie werden die Baumeister der kommenden Kultur, der höchsten der Weltgeschichte sein: des verwirklichten Christentums.

Es wird eingewendet, dass man auch mit einer wertfreien, humanistischen Psychologie seelisch Notleidenden helfen könne. Vielleicht; jedoch stellt sich bei der zunehmenden Zahl sowohl der Psychopathen als auch der Psychologen und Psychiater die Frage, wer die Ursache von wem ist. Gewiss, man kann eine Lungenentzündung auch mit Aspirin behandeln, aber ein stärkeres Heilmittel ist besser. Die materialistische – wertfreie – Psychologie verhält sich zum Gebet etwa wie Aspirin zu Penicillin. Die Geschichte lehrt, dass das Fanal für den Untergang einer Epoche jeweils die Gottlosigkeit war. Georg Siegmund lässt in seiner Monographie über «Judentum und Christentum»[6] Goethe zu Wort kommen: Als Goethe von den Ereignissen der Französischen Revolution und den darauffolgenden Napoleonischen Kriegen innerlich erschüttert war und zur Einsicht gelangte, dass die Ideale der klassischen Kunst und Lebensauffassung zur geistigen Verarbeitung dieser Geschehnisse nicht ausreichen, sah er sich in seiner Ratlosigkeit veranlasst, sie «an dem ungeheuren Massstab der Weltgeschichte zu messen». Dabei vertiefte er sich auch mit einer beachtlichen Gründlichkeit in das Alte Testament, und es ging ihm die Einsicht auf, dass der Kampf zwischen Glauben und Unglauben das eigentliche Thema der Weltgeschichte ist. In seinen Reflexionen über die Bücher Moses' steht jenes bekannte und oft zitierte Wort: «Das eigentliche, einzige und tiefste Thema der Welt- und Menschengeschichte, dem alle übrigen untergeordnet sind, bleibt der Konflikt des Unglaubens mit dem Glauben. Alle Epochen, in welchen der Glaube herrschte, unter welcher Gestalt er auch wolle, sind glänzend, herzerhebend und fruchtbar für Mitwelt und Nachwelt. Alle Epochen dagegen, in welchen der Unglaube, in welcher Form es auch sei, einen kümmerlichen Sieg behauptet, und wenn sie auch einen Augenblick mit einem Scheinglanze prahlen sollten, verschwinden vor der Nachwelt, weil sich niemand gern mit Erkenntnis des Unfruchtbaren abquälen mag» (West-Östlicher Diwan). Mit dialektischen Richtigkeiten, die zerdiskutiert werden können, kann keine Kultur aufgebaut werden – es bedarf der Wahrheit: «Ich bin der Weinstock, ihr seid die Reben. Wer in mir bleibt und ich in ihm, der bringt viele Frucht, denn ohne mich könnt ihr nichts tun» (Joh 15,5). Leider fehlt heute nicht nur bei den meisten Wissenschaftlern, sondern auch bei vielen Theologen das Gebet. Bei den letzteren ist die Gottesferne besonders verhängnisvoll. Die Menschen brauchen keine Spezialisten der Bibelaus- und zerlegung, aber dringend brauchen sie Priester, deren Gesichter von der Kraft des Gebets gezeichnet sind.

Die Welt ist theozentrisch und somit christozentrisch. In der Beziehung zu Gott erhöhen sich die geistigen Werte zu dem, was wir *geistlich* nennen. Die Erde als die angestammte Heimat des gottbezogenen Wesens, des Menschen, ist geistlich gesehen auch das materielle Zentrum der Welt. In seiner «Johanneischen Botschaft»[7] schreibt Romano Guardini: «Wenn wir den Menschen in seinem Ganzen betrachten, dann sehen wir, dass er von aussen nach innen gebaut ist – falls man nicht richtiger sagen müsste: von innen nach aussen. Dieses «Innen» stuft sich aber sehr tief hinein. (Freilich ist der Begriff der Stufung nur ein Bild. In Wahrheit handelt es sich nicht um ein «Höher» oder «Tiefer» im gleichen Bereich, sondern um jeweils eine andere Art des Lebens und der Ordnung. Das Bild ist aber handlich, so soll es weiter gebraucht werden). Es gibt die organische Innerlichkeit, aus der das Wachstum des Körpers hervorgeht. Es gibt die psychologische, in welcher die Gefühle spielen. Gibt die geistige, worin die Gedanken arbeiten, besser gesagt, wo die Wahrheit erfahren wird. Gibt die Innerlichkeit der Person, in welcher sich die sittlichen Entscheidungen vollziehen. – Nun sagt Paulus: Einen noch tieferen Innenbereich gibt es, den geistlichen oder pneumatischen. Das ist jener, wo Christus im Glaubenden lebt. Der Bereich ist nicht von selbst da, als eine in der Natur des Menschen angelegte Schicht, sondern Christus schafft ihn im Geheimnis der Wiedergeburt in Taufe und Glaube. Da tritt Er selbst in den Menschen ein; wird ihm tiefer inne, als alles das, wovon Psychologie und Kulturwissenschaft sprechen. Wenn Glaube und Treue schwinden, dann verschwindet diese Innerlichkeit, und es entsteht der Mensch, der einen Lebensbereich verloren hat und von Christi Botschaft nichts mehr versteht.» Die Erde ist auch dadurch ein materielles Zentrum der Welt, weil sie der Ort der Parusie – der Wiederkunft Christi – ist, wo die Materie als ein Liebesgeschenk Gottes im Leib der auferstandenen Menschen verklärt sein wird; die Erde wird das «Himmlische Jerusalem» sein. Die «Neue Erde» wird sich mit der alten Erde überhaupt nicht vergleichen lassen. Die Gesetze der verklärten Materie werden nicht die Gesetze unserer Chemie und Physik sein; auch die biologischen Gesetze werden ganz andere sein – jene des «Gartens Eden». Es ist sinnlos, diese Veränderung aus dem engen Gesichtsfeld einer materialistischen Naturwissenschaft sehen zu wollen. Die Kontingenz der Naturgesetze lässt für uns unvorstellbare Änderungen der Materie zu; Gott hätte die Welt ganz anders oder überhaupt nicht schaffen können. «Dann werden die Himmel mit reissender Geschwindigkeit vergehen, die Elemente aber in Feuersglut sich auflösen und die Erde mitsamt den Werken, die darauf sind, verbrennen. Weil nun dies alles sich so auflöst, wie müsst ihr da in jeder Hinsicht in heiligem Wandel und in Frömmigkeit leben, indem ihr die Ankunft des Tages Gottes erwartet und beschleunigt, um dessentwillen der Himmel sich in Feuer auflösen und die Elemente in der Glut zerschmelzen werden. Einen neuen Himmel aber und eine neue Erde, worin Gerechtigkeit wohnt, erwarten wir nach seiner Verheissung» (2 Petr 3,10–13).

Wie wir gesehen haben, sind nicht nur die Naturwissenschaftler und die Theologen vom Galilei-Trauma verwundet, auch die Philosophen. Sogar ein Existenzphilosoph vom Rang eines Martin Heidegger, der von den Naturwissenschaftlern sagte, dass sie nicht (mehr) denken, ist vom eben aus diesen Naturwissenschaften hervorgegangenen Materialismus betroffen. Wenn Heideggers Agnostik – im Gegensatz zu Sartres bleichem Atheismus – auch faszinierend schillert, so ist die Zwiespältigkeit doch nicht zu übersehen. Eine Selbstzertrennung, die sich sozusagen selbst heraufbeschwört, weil Heideggers Denken sich auf die Taten jener bezieht, denen er die Fähigkeit des Denkens abspricht: eben auf die Naturwissenschaftler – ohne es zu merken. Hedwig Conrad-Martius hat in ihren «Schriften zur Philosophie»[8] Heideggers Position treffend formuliert: «Er (Heidegger) nennt es einem innersten Gewissensruf Folge leisten, wenn man sich zu dieser letzten unüberholbaren Möglichkeit des Todes, zu dieser wesenhaften Seinsnichtigkeit entschlossen und todesbereit stellt. ‹Entschlossen übernimmt das Dasein eigentlich in seine Existenz, dass es der nichtige Grund seiner Nichtigkeit ist.› – Ist es dieser nüchterne Todesheroismus, diese einzigartige Verherrlichung endgültiger Seinsnichtigkeit, die durch die Heideggersche Philosophie so sensationell gewirkt hat? Oder ist es umgekehrt die Ahnung, dass unter dieser kunstvollen Versiegelung das Gegenteil von dem verborgen liegt, was das Siegel glauben machen will und was im Grunde dennoch die Sehnsucht einer ganzen Generation ist? Wir wissen es nicht. Auch nicht, ob der Mann, der dieses rätselhafte Werk schrieb, wirklich der Atheist ist, der er zu sein vorgibt. Eine ganz kleine (und doch so unendlich grosse!) Grenzüberschreitung, und dieser bis auf den Grund destruktive Atheismus verwandelt sich in tiefgegründete Mystik.» – In einem Interview, das er kurz vor seinem Tod dem Magazin «Der Spiegel» gegeben hat, sagte Heidegger: «Nur ein Gott kann uns noch retten.» So ist Heidegger durch seine Philosophie der Wahrheit nahe gekommen; er hat sie nicht ganz erkannt – oder jedenfalls nicht ausgesprochen – weil nicht «ein Gott», sondern Gott in der Person Christi uns retten wird.

[1] Max Thürkauf: «Christuswärts – Glaubenshilfe gegen den naturwissenschaftlichen Atheismus», Stein am Rhein (Schweiz) 1983.

[2] Max Born: «Die Relativitätstheorie Einsteins», Berlin 1964.

[3] Johannes Paul II.: «Dienst aus der grösseren Liebe zu Christus – Schreiben an die Priester», Freiburg i.Br. 1979.

[4] Johannes Paul II.: «L'Osservatore Romano» Nr. 48, 1979 (Wochenausgabe in deutscher Sprache).

[5] Karl R. Popper, John C. Eccles: «Das Ich und sein Gehirn», München 1982.

[6] Georg Siegmund: «Judentum und Christentum», Stein am Rhein (Schweiz) 1983.

[7] Romano Guardini: «Johanneische Botschaft», Freiburg i.Br. 1981.

[8] Hedwig Conrad-Martius: «Schriften zur Philosophie», 1. Bd. München 1963.

Das Gefängnis der Beliebigkeit: die Lichtjahrmilliarden

Unter der kopernikanischen Wende – aus der das «Galilei-Trauma» hervorging – verstehen wir den im Verlauf des 16. und 17. Jahrhunderts sich abspielenden Umbruch in der Anschauung des Sternenhimmels. Bei der vom Ägypter Claudius Ptolemäus (85–160) vertretenen Anschauung befand sich die Erde im Zentrum der Welt oder, wie wir heute sagen, des Weltraums: alle Gestirne drehten sich um die ruhende Erde. Diese Vorstellung war nahezu eineinhalb Jahrtausende ganz selbstverständlich, für jeden sichtbare Wirklichkeit, bis Nikolaus Kopernikus (1473–1543), Domherr zu Frauenburg, die Sonne in ein Zentrum stellte, welches von den Planeten auf ganz bestimmten Bahnen umkreist wird. Die Erde wurde relativiert, sie war ein Planet unter Planeten. Ihre Zentralstellung war nur eine scheinbare: Nicht die Gestirne drehten sich um die Erde, sondern die Erde drehte sich um ihre eigene, zwischen dem Nord- und Südpol verlaufende Achse. Etwas muss beachtet werden: Zwischen dem Weltbild und der Weltanschauung ist zu unterscheiden; die Sinneswahrnehmung, das Bild des Himmels also, ist dieselbe geblieben, geändert hat sich die Anschauung, die etwas Geistiges, etwas Innerliches ist. Die kopernikanische Wende ist eine *innere* Wende, was sich an einem Äusseren zeigt: Nicht unter dem klaren Himmel Ägyptens, sondern in einem Land des Erlkönigs, im nebelträchtigen Ostpreussen, wurde die Erde aus ihrem jahrtausendealten Ort gerückt. Wenn zwischen Weltbild und Weltanschauung – zwischen Sinnenwelt und Geisteswelt – nicht klar unterschieden wird, können die Weiten des Weltalls zu einem engen Gefängnis des Geistes werden; zum Materialismus. Keinesfalls dürfen weder gesehene noch geschaute Räume mit religiösen Dimensionen verwechselt werden. Das «Galilei-Trauma» ist die Folge einer solchen Verwechslung. Selbst grosse Geister wie Goethe waren vor Irrtümern dieser Art nicht gefeit, bezeichnete er doch 1832 – in seinem Todesjahr – anlässlich eines Gesprächs mit Kanzler Friedrich von Müller die Beobachtungen des Kopernikus als «die grösste, erhabenste und folgereichste Entdeckung, die je der Mensch gemacht hat, wichtiger als die ganze Bibel». Das erinnert an die Klage des Doktor Faust:

O glücklich, wer noch hoffen kann,
Aus diesem Meer des Irrtums aufzutauchen!
Was man nicht weiss, das eben brauchte man,
Und was man weiss, kann man nicht brauchen.

In Hinsicht auf Goethes Grösse ist die Verirrung des Molekularbiologen Jacques Monod in den Jahrmilliarden-Räumen der materialistischen Weltanschauung verständlich: «Wenn er diese Botschaft (von der Selbstorganisation der Materie zu Lebewesen) in ihrer vollen Bedeutung aufnimmt, dann muss der Mensch endlich aus seinem tausendjährigen Traum erwachen und seine totale Verlassenheit, seine radikale Fremdheit erkennen. Er weiss nun, dass er seinen Platz wie ein Zigeuner am Rande des Universums hat, das für seine Musik taub ist und gleichgültig gegen seine Hoffnungen, Leiden oder Verbrechen.»[1] Oder Monods Kollege Manfred Eigen, der im Vorwort zu diesem Buch, «Zufall und Notwendigkeit», schreibt: «Die Molekularbiologie hat dem Jahrhunderte aufrechterhaltenen Schöpfungsmystizismus ein Ende gesetzt, sie hat vollendet, was Galilei begann.» Wenn Eigen damit das «Galilei-Trauma» meinte, so hätte er recht. Was die Gotteslästerung anbelangt, so ist er beim religiösen Galilei am falschen Ort.

Wenn die Welt auf die Wirklichkeit der physikalisch-chemisch messbaren Materie eingeengt wird, wenn nach dem Dogma der Materialisten, dem Primat der Materie, der Geist bloss eine Folge der Materiestruktur des Grosshirns ist, so werden die von eben diesem Gehirn gedachten Weiten der Lichtjahrmilliarden des Weltalls zum Gefängnis der von Monod beschriebenen Bedeutungslosigkeit, zu einer Wüste der Sinnlosigkeit. Als geistiges Wesen, das er ist, ist der Mensch selbst in einer Gefängniszelle freier als der Materialist in seinen raum-zeitlichen Endlosigkeiten. Wenn der Mensch sich nicht mit der Materie fesselt, ist er unter allen Umständen frei. «Der Mensch ist frei geschaffen, ist frei», sagt Friedrich Schiller, «Und würd' er in

Ketten geboren». Die Freiheit seines geistigen Wesens – seine Unsterblichkeit – kann der Mensch nur in der Beziehung zum Ewigen erkennen – zu Gott. Auch die längste irdische Gefangenschaft ist kurz gegenüber der Unsterblichkeit seines Geistes.

Es gibt keine an sich areligiösen Menschen; Gott legt die Frage nach dem Schöpfer jedem Menschen ins Herz. Es gibt bloss Menschen, welche ihre Religiosität aus Hochmut leugnen. Sie wollen selbst gross sein, sie wollen keinen Vater haben. Manche nennen diesen infantilen Zustand die Mündigkeit des modernen Menschen. Der Atheismus, der Glaube nicht zu glauben, ist die giftigste Frucht des Hochmuts. Ein demütiger Philosoph ist in Ketten freier als ein im Weltraum herumfliegender Materialist. Wer auf der Erde Gott nicht findet, findet ihn auch hinter dem Mond nicht (wie die sowjetischen Astronauten bestätigt haben). «Cella continuata dulcescit – die treu bewohnte Zelle wird mir angenehm», schrieb der niederländische Karmelitenpater Titus Brandsma, der während des Zweiten Weltkriegs im Konzentrationslager Dachau umgebracht worden ist, in sein Gefängnistagebuch.[2] Giordano Bruno, der in einer pantheistischen Weltschau leidenschaftlich von einem unendlichen Weltraum mit zahllosen Sonnen und Planeten sprach, brachte zum Ausdruck, dass er sich im geschlossenen Kosmos der Griechen freier fühle als in der Grenzenlosigkeit seines Universums.[3]

Wir können den Raum der Materie und die Zeit der Uhren ausdehnen, wie wir wollen; solange wir uns von Gott abwenden, sind wir die Gefangenen unseres Körpers. Erst die Hinwendung zu Gott setzt uns in die Wirklichkeit des Verhältnisses zwischen Geist und Materie. Die Feststellung des heiligen Thomas von Aquin gilt nach wie vor: Das «taliter qualiter», das «tel quel», das «so wie es ist» der Wissenschaftler wird zum «totaliter aliter», zum «ganz anderen» des religiösen Schauens, zu dessen Erlangung es für einen Wissenschaftler ebensoviel geistige Arbeit erfordert wie für das Erkennen seiner Wissenschaft. Damit ein Materialist zum «totaliter aliter» kommen kann, muss er mit dem Fragen bei sich selbst beginnen, nämlich: Wer bin ich, der eine Wissenschaft hervorbringt, mit der ich die Frage, wer bin ich, beantworten will? Wenn er diesen Zirkel lange genug gedreht hat, wird er sehen, dass es nur an einer Stelle ein Entrinnen aus diesem Gefängniskarussell gibt, eben bei der Frage: Wer bin ich? Die Befreiung geschieht durch die Öffnung zu Gott hin.

Die Geborgenheit im Geist – in Gott – erlangen wir erst im «totaliter aliter» der religiösen Dimensionen, in dem zum Materialismus «ganz anderen». Die Weiten der religiösen Dimensionen zeichnen sich dadurch aus, dass in ihnen Raum für jeden ist: sowohl für das wissenschaftliche Genie eines Albert Einstein, als auch für das einfältigste Herz der Welt; besonders in der Kirche Christi, welche die Religion der unbegrenzten Liebe vertritt – den Gnadenstrom der Barmherzigkeit. Das zum Materialismus «ganz andere» besteht auch in der Erkenntnis, dass die von der Materie aufgespannte Raum-Zeit-Dimension im Geist enthalten ist und nicht umgekehrt, wie die Materialisten meinen, wo der Geist sich als ein Produkt der Materie irgendwie in Raum und Zeit aufhalten soll. Es ist bezeichnend, dass in einer Wissenschaft, in welcher auch die Sprache eine Folge der Selbstorganisation der Materie sein muss, die Sprache verarmt und der Wortschatz zusammenschrumpft. Diese Selbstverarmung mag der Grund sein, warum in den Schriften über die Selbstorganisation Begriffe wie «zufällig», «irgendwie» oder «im Prinzip nichts anderes als» mit einer zuverlässigen Häufigkeit anzutreffen sind. Die Materie ist eine Folge des Geistes; schon ein einziges Atom bedarf zu seiner Existenz der Voraussetzung der Gesetze des Atoms – und ein Gesetz ist nichts Materielles, sondern etwas Geistiges. Eben: «Im Anfang war das Wort» (Joh 1,1). Die Materie ist ein Liebesgeschenk Gottes als irdische Möglichkeit zum Ausdruck menschlicher Individualität. Im inkarnierten Menschen ist der Geist durch die Seele an die Materie seines Körpers gebunden. Die Materie der durch die Erbsünde gefallenen Schöpfung lässt den Geist hinneigen zur Meinung, sie – die Materie – sei Zentrierungsort oder gar Produzent seiner selbst. Der Geist, der die Materie durch seine Sinne erkennt, redet sich ein, ein Produkt dessen zu sein, das er mit seinen Sinnen wahrnimmt. Die sich in den Schwanz beissende Schlange ist das Wappentier der Materialisten, die – als Don Quichottes der heutigen Tage – auf Strassen reiten, die mit Zirkelschlüssen aller Grössen gepflastert sind. Durch die Bindung seines Geistes an den Körper ist der Mensch geneigt, ein materielles Zentrum der Welt zu suchen, das es nicht geben kann, da Gott das Zentrum der Welt ist, die – in Gott wesend – ihrer Erfüllung entgegenstrebt: der Wiederkunft Christi. Die Inkommensurabilität zwischen den Raum-Zeit-Verhältnissen und der geistigen Welt haben die Scholastiker mit der Frage «Wieviele Engel haben auf einer Nadelspitze Platz?» zum Ausdruck gebracht.[4]

Der Gott, der die Welt sowohl umfasst als auch ihr Zentrum ist, ist – wie Blaise Pascal in seinem «Memorial» schreibt – der «Gott Abrahams, Gott Isaaks, Gott Jakobs» und nicht der «Gott der Philosophen und Gelehrten». Er ist der Vater, dessen Kinder wir sind; er ist der Gott, neben dem es keine Götter gibt. Schon das Setzen eines Artikels geziemt sich nicht; er ist nicht der Gott und schon gar nicht ein Gott – er ist ganz einfach Gott. Er ist der Vater, dem wir uns anvertrauen können, mit dem wir im Vertrauen sprechen – zu dem wir beten können. In seinem trinitarischen Geheimnis ist uns Gott in Christus als Mensch begegnet – im Christentum ist Gott menschlich.[5] Wie wir gesehen haben, hat der Mensch eigentlich nur ein einziges Recht: das königliche Recht zu beten. Der «Gott der Philosophen und Gelehrten» ist der Gott jener, die aus Hochmut keinen Vater haben wollen, die lieber ein Produkt der «Selbstorganisation der Materie» sein wollen als ein Kind Gottes. Dieser Gott ist sozusagen ein Götze, eben der Götze des Hochmuts, keinen Vater haben zu wollen. Er ist im Grunde der Götze einer geistigen Pubertät: Pubertierende Jugendliche wenden sich bekanntlich von den Eltern ab, sie wollen Vater und Mutter nicht mehr, ja sie schämen sich ihrer sogar manchmal – sie wollen alles besser wissen und selber machen, sie wollen sich selbst organisieren wie die Vertreter der «Selbstorganisation der Materie». Ein geistig reifer Mensch hat den Mut zur Demut, er beruft sich nicht immer auf seine Mündigkeit, wie jene das tun, die eher maulig als mündig sind. Er verneigt sich vor dem Vater, der sein Gott ist, und – was vom Hochmut unserer Zeit belächelt wird – ein lieber Gott ist. Der grosse Erasmus ist mit diesen Worten gestorben, in der Sprache seiner Mutter: Lieve God! Oder Leonardo da Vinci:

Wie die Ähren sind die Menschen,
Tief verneigen sich die schweren,
Stolz erheben sich die leeren.

Letztlich ist jede Theodizee, also eine Rechtfertigung Gottes hinsichtlich des von ihm zugelassenen Übels in der Welt, eine Gottesbetrachtung, die aus dem Hochmut kommt. Da es dem Menschen nicht zusteht, Gott zur Rechenschaft zu ziehen, entartet eine Theodizee oftmals in eine Anklage oder gar Leugnung Gottes. Wer den Mut zur Demut aufbringt, denkt – wie der Basler Theologe Jan Milič Lochman sagt – zuerst an eine Egodizee, also an eine Rechtfertigung seiner selbst in Hinsicht auf die von ihm unter Missbrauch der Freiheit in seiner Entscheidung gegen Gott verursachten Übel. Mit der Weisheit eines solchen Bekennens wird der Mensch keine Theodizee mehr fordern. (Das Wort Theodizee leitet sich aus dem Griechischen ab: theos – Gott, dike – Recht, Gerechtigkeit.)

Die Psychologie Freudscher Prägung bedeutet eine Vermaterialisierung des Geistigen, weil diese Betrachtung des Menschen in der materialistischen Naturwissenschaft wurzelt. Ob das den betreffenden Psychologen und Psychiatern bewusst ist oder nicht, ändert an der Tatsache nichts. Auch der Streit zwischen den verschiedenen sich zum Teil widersprechenden Lehrmeinungen vermag die Eindeutigkeit der Situation nicht zu ändern: das Drehen in den Zirkelschlüssen des Materialismus. Die Psychoanalyse, von der Karl Kraus sagt, sie sei jene Krankheit, für deren Therapie sie sich hält, ist ein Kind des Positivismus im Fin de siècle. Sie hat, wie alle Zweige des Materialismus, in den Seelen der Menschen unabsehbaren Schaden angerichtet.[4] Die Freudsche Psychoanalyse leugnet das sittliche Fundament des Menschen, das Gewissen als Unterscheidungssinn für Gut und Böse, und setzt an dessen Stelle den Trieb. Siegmund Freud erniedrigt den Menschen mit der Methode der Positivisten zum Tier, indem er einen Teilbereich seines Wesens – eben das Triebhafte – zum menschlichen Wesen überhaupt proklamiert.[6] Wieder haben wir die Lüge des Materialismus: die Erklärung einer Teilwahrheit – der Materie – zur ganzen Wahrheit. Alle Verbesserungen an der Freudschen Theorie schaffen diese Lüge nicht aus der Welt, im Gegenteil, sie machen die Lüge bloss raffinierter. Ein Gebäude kann nicht mehr wert sein als sein Fundament.

Bedenklich sind psychologisierende Theologen, die mit ihrer Dialektik eine «Umwertung aller Werte» (Nietzsche) betreiben und die –

«(Ich bin) ein Teil von jener Kraft, die stets das Böse will und stets das Gute schafft» (Mephisto in Goethes Faust) – das Böse seiner guten Seiten wegen zu dulden geneigt sind, oder, «Abschied vom Teufel»[7] nehmend, die personale Existenz des Bösen sogar leugnen. Am gefährlichsten ist ein Feind dann, wenn man sich von ihm verabschiedet glaubt – er kann einem ungestört in den Rücken fallen. Als gefallener Engel ist der Teufel ein Wesen von überragender Intelligenz, an die auch das grösste menschliche Genie nicht heranreicht. Der Böse weiss selbstverständlich, dass er das Böse nicht als solches anbieten kann. Nur ganz wenige, jene, die das ausschliesslich Böse wollen (wenn es überhaupt solche Menschen gibt), würden es ihm in dieser Form abnehmen. Daher werden wir das nackte Böse kaum finden. Es ist stets sorgfältig verpackt. Das Geschenkpapier des Teufels besteht aus den guten Seiten, welche jedes Böse aufweist (Automobil und Fernsehen haben ja auch ihre guten Seiten.) Je böser etwas ist, um so prächtiger ist das Packpapier des Teufels – um so mehr gute Seiten hat es. Deshalb hat die materialistische Naturwissenschaft (die leider mit der modernen Naturwissenschaft nahezu identisch ist) so viele gute Seiten. Mit dem Kopf sind wir dem Teufel nicht gewachsen – aber mit dem Herzen in der Nachfolge Christi, in der Liebe.

Jene Psychologie, die sich auf die Freudsche Psychoanalyse beruft, steckt durch ihren Materialismus im Gefängnis der Lichtjahrmilliarden. Die Freiheit, die sie zu geben meint, besteht in den Fernen eines Raumes, in welchen man nicht atmen kann. Wer den Geist als ein Produkt der Materie betrachtet, sieht sich – wie Freud – gezwungen, die Liebe auf weniger als Eros, auf Sexualität zu reduzieren. Im Christentum ist die Liebe aber viel mehr als Eros; die von Paulus im ersten Korintherbrief beschriebene Liebe haben die Urchristen Agape genannt. Zwischen Eros und Agape besteht schon sprachlich ein beachtlicher Unterschied: Eros ist männlich, Agape weiblich. Für Eros finden wir im Wörterbuch Übersetzungen wie Liebessehnsucht, besonders Geschlechtsliebe, Lust und Wollust. Für Agape heisst es jedoch: die Liebe im Neuen Testament; und für den Plural von Agape: die Liebesmahle der Christen. Andere Begriffe sind in diesem ausführlichen Wörterbuch[8] nicht angeführt. Der männliche Eros ist die Kopf-, die weibliche Agape die Herzensliebe. Die Agape lässt sich deshalb mit dem Intellekt nicht fassen, der Intellekt reicht nicht aus für die Herzenslogik. Bei der von den Psychologen definierten Liebe handelt es sich höchstens um Eros, meistens aber um blosse Sexualität, wenn nicht gar um Sex. Liebe kann mit der Psychoanalyse nicht erfasst werden, weil sie eine Ganzheit ist, also eine Unteilbarkeit. Die Analyse als die – im Bereich der physikalisch-chemisch definierbaren, also nichtlebendigen Materie erfolgreichen – Methode der Zerteilung ist für Wesenheiten, die nur als Ganzheiten zu bestehen vermögen, kein adäquates Forschungsmittel. Für Liebe und Leben bedeutet die Analyse den Tod.

Für die tiefste Liebe, die Agape, ist keine andere Beschreibung möglich, als jene des Paulus in seinem Brief an die Korinther: «Die Liebe ist langmütig, gütig ist die Liebe, die Liebe ist nicht eifersüchtig, sie prahlt nicht, ist nicht aufgeblasen. Sie handelt nicht taktlos, sie sucht nicht den eigenen Vorteil, sie lässt sich nicht erbittern, sie trägt das Böse nicht nach. Sie freut sich nicht über das Unrecht, freut sich vielmehr mit an der Wahrheit. Alles deckt sie zu, alles glaubt sie, alles hofft sie, alles erträgt sie. Die Liebe hört niemals auf» (1 Kor 13,4–8). Die von der Materie der Astrophysik aufgespannten Lichtjahrmilliarden sind ein zu enger Raum für die Liebe. Sie bedarf eines viel grösseren Raumes, jenes Überraumes, der die ganze Welt enthält: der von der Seele getragene Geist des Menschen. Das Herz, nicht der Kopf ist das Gefäss der Welt, in der wir leben, weil Ursprung und Ziel der Welt die Liebe ist: «Als aber die Pharisäer hörten, dass er den Sadduzäern den Mund gestopft hatte, kamen sie zusammen, und einer von ihnen, ein Gesetzeslehrer, fragte ihn, um ihn auf die Probe zu stellen: 'Meister, welches Gebot ist das grösste im Gesetz?' Er aber sprach zu ihm: 'Du sollst den Herrn deinen Gott lieben mit deinem ganzen Herzen und deiner ganzen Seele und mit deiner ganzen Vernunft. Das ist das grösste und erste Gebot. Das zweite ist ihm aber gleich: Du sollst deinen Nächsten lieben wie dich selbst. An diesen beiden Geboten hängt das ganze Gesetz und die Propheten'» (Mt 22,34–40). Die Schöpfungsgeschichte ist eine Liebesgeschichte, die Liebe Gottes zu den Menschen. Alle wissenschaftlichen Theorien, die dieser Liebe widersprechen, sind sinnlos, weil nur Liebestaten sinnvoll sind. Ohne Liebe ist eine Tat sinnlos, und wenn sie noch so zweckvoll ist. Der

Mensch, der die Krone der Welt trägt, ist eine Frau; die Himmelskönigin, die Muttergottes. Die Frau umfasst den Mann, sie ist die Gebärende; die Agape enthält den Eros – nicht umgekehrt. Die Jungfrau Maria war Gott würdig, ihn zu gebären. In seiner Allmacht hätte er sich auch als Erwachsener inkarnieren können, so wie er von den Toten auferstehen konnte. Aber Gott hat sich aus Liebe zu den Menschen entäussert, aus dieser grenzenlosen Liebe ist er eines der ärmsten Kinder jener Tage geworden – wie es prophezeit war. Seine Kenosis – wie die Theologen diese Selbstentäusserung der göttlichen Gestalt im Menschen Jesus nennen – war im Heilsplan der Schöpfung vorgesehen.[9] Maria ist die Königin der Schöpfung, weil sie die Königin der Liebe ist, die Kraft, aus welcher Gott die Welt geschaffen hat. Selbst der «alte Heide», wie verkopfte Theologen im Widerspruch zum Evangelium Goethe genannt haben, verehrt im letzten Akt seines «Faust» die «Mater gloriosa» – die Muttergottes:

Blicket auf zum Retterblick,
Alle reuig Zarten,
Euch zu seligem Geschick
Dankend umzuarten!
Werde jeder bessre Sinn
Dir zum Dienst erbötig!
Jungfrau, Mutter, Königin,
Göttin, bleibe gnädig!

Und anschliessend – ganz zum Schluss – der «Chorus mysticus»:

Alles Vergängliche
Ist nur ein Gleichnis;
Das Unzulängliche,
Hier wird's Ereignis;
Das Unbeschreibliche,
Hier ist's getan;
Das Ewig-Weibliche
Zieht uns hinan.

Gewiss, es ist nicht christlich, Maria eine Göttin zu nennen; aber es ist noch weniger christlich, Goethe einen «alten Heiden» zu nennen. Luther hat die Kirche verarmt, indem er sie durch die Abschaffung der Marienverehrung vermännlicht hat. Auch seine Pfarrer hat er vermännlicht – durch die Abschaffung des Zölibats der Priester. Als Bräutigam der Gottesmutter vermag der katholische Priester mit der Kraft des «Ewig-Weiblichen» das erdengebundene Männliche in den Schoss der Schöpfung «hinanzuziehen». Zweifellos bedurfte in der Renaissance die Kirche einer Reform (wie auch die Kirche sie vor dem Zweiten Vaticanum bedurfte – und noch bedarf); aber die Reformation hat – selber in viele Konfessionen zerfallend – nicht Einheit, sondern Zwiespalt gebracht.

Und nun blöke ich, um mit C.S. Lewis zu sprechen, als Laie, als Schaf, das die Schafe besser versteht als die Theologen – weil ich mehr Schaf bin als sie. Es ist das Blöken eines Schafes in der Not: Meiner Ansicht nach hat Luther die Kirche ein Stück ins Alte Testament zurückgeführt. Die protestantische Theologie ist verkopft (das sage ich als «harter» Naturwissenschaftler, also gewissermassen als Nur-Kopf), die Herzenslogik (eines ebenfalls «harten» Naturwissenschaftlers und Mathematikers, Blaise Pascal,) wird verdrängt. Die Geschichte beweist, dass der Mut des Lammes grösser ist als der Mut des Löwen; der erstere ist der Mut zur Demut, der letztere der Mut des Hochmuts. Der Mut Christi ist der Mut des Lammes, das über den Löwen siegen wird. Es ist daher viel schwerer, ein Franziskus zu sein, als ein Luther. Daher gibt es viel mehr Reformatoren und Revolutionäre als Franziski. Was unsere Zeit zur Rettung braucht, ist ein Franziskus. Die Philosophie-Geschichte zeigt deutlich – der Lutherkenner Theobald Beer[10] und die Philosophin Alma von Stockhausen[11] beweisen es – den Weg in den materialistischen Atheismus von heute: Ohne Luther (1483–1546) kein Hegel (1770–1831), ohne Hegel weder ein Darwin (1809–1882) noch ein Marx (1818–1883) – und ohne Darwinismus kein Marxismus. Soweit der blökende Laie.

Das Haupterkenntniswerkzeug der modernen Naturwissenschaft, das systematisch-reproduzierbare Laboratoriumsexperiment, die geistgelenkte Hand mit ihren Apparaten – ihren Verlängerungen und Verfeinerungen sozusagen –, beschränkt sich in letzter Konsequenz auf die der Hand innewohnenden Sinne: den Tastsinn und den Bewegungssinn. Diese vom Ich des Subjekts entfernten Sinne – sie wohnen in den Fingerspitzen – geben dem naturwissenschaftlichen Weltbild jenes Aussen, das als sogenannte objektive Welt erscheint. Die Spaltung zwischen Subjekt und Objekt, der res cogitans und der res extensa, der Innenwelt und der Aussenwelt des René Descartes, des Prokurators der Galilei-Methode, wird im Laboratoriumsexperiment zur Tat. Dieses Aussen ist die vom Menschen getrennte Welt der Physik, die für objektiv existierend, das heisst, vom Menschen unabhängig daseiend gehalten wird. Dabei ist zu bedenken, dass diese Trennung ausschliesslich im Innern der Menschen als deren Gedanken existiert; im wirklichen Aussen kennen wir nur eine Welt mit Menschen, die untrennbar mit eben dieser Welt verbunden sind. So ist auch das Aussen der Lichtjahrmilliarden des astrophysikalischen Weltraums ein Innen, das sich in diesen Endlosigkeiten eingesperrt hat, denn der wirkliche Mensch kann sich darin nicht bewegen. Wie schon berichtet, fand die kopernikanische Wende im Innern des Bewohners eines nebelträchtigen Landes statt und nicht im Aussen der sternklaren Wüstennächte. Wenn der Materialist den Himmel auf den von der Materie aufgespannten Raum reduziert (den es auch gibt, der aber nur ein Teil der Wirklichkeit des Himmels ist), so ist sein Geist ein Gefangener der Materie. Und zwar deshalb, weil die Raum-Zeit-Dimension im Geist enthalten ist und nicht – wie der Materialist in seiner unzulässigen Vereinfachung der Wirklichkeit meint – als ein Produkt des Grosshirns im Raum irgendwie vorkommt. Bei der Reduktion der Welt auf die Materie wird auch der menschliche Leib ein Gefängnis des Geistes, so dass dieser doppelt gefangen ist: in der Enge des Körpers und in der Unendlichkeit der Lichtjahrmilliarden. Es ist bemerkenswert, dass die griechischen Wörter für Körper und Grab etymologisch verwandt sind: soma und sema. Die Sprachen haben ihre Wurzeln dort, wo die Weisheit nicht mit Bergen von Wissen verschüttet wird.

Was vom Raum gilt, gilt auch von seiner Zwillingsschwester – der Zeit. Sie vermag das Geistige sowenig zu fassen wie ihr Bruder. In der Zeit erscheint das Sein als ein Werden, das – für den Bereich der Sinnenwelt – den Raum aufspannt. Der in der heutigen Zeit so moderne Begriff der Evolution ist unter diesem Aspekt kritisch zu prüfen. Was sich entwickelt, ist nicht das Sein, sondern das Werden. Die Schöpfungskraft, für Thomas von Aquin die erste Wahrheit, das Wort als

Träger des Seins, entwickelt sich nicht. Das Wort war am Anfang, und das Wort wird am Ende sein: «Im Anfang war das Wort, und das Wort war bei Gott, und Gott war das Wort. Dasselbe war im Anfang bei Gott. Alle Dinge sind durch dasselbe gemacht, und ohne dasselbe ist nichts gemacht, was gemacht ist» (Joh 1,1–3). Und: «Himmel und Erde werden vergehen; aber meine Worte werden nicht vergehen» (Mt 24,35). Die Wahrheit hat eine fundamentale Eigenschaft: ihre Beständigkeit. Im Gegensatz zu wissenschaftlichen Richtigkeiten verändert sich die Wahrheit nicht. Die Dogmen der Kirche sind die in Worte gefassten Wahrheiten, die begnadeten Menschen von Gott offenbart worden sind. Die Kirche ist eine strenge Prüferin; da die Wahrheiten in Ewigkeit bestehen, kann sie sich Zeit lassen: Manche ihrer Theologen wurden erst nach Jahrhunderten als Kirchenlehrer anerkannt. Aus der Naturwissenschaft können bloss veränderliche Richtigkeiten gewonnen werden; eine Veränderung, in welcher diese Wissenschaft ihren Fortschritt sieht. Bei bleibenden Naturgesetzen verändern sich Chemie, Physik und Biologie, weil diese Wissenschaften eben nicht Gegenstände der Natur, sondern der Kultur, also Gegenstände des Menschen sind. Es kann deshalb keine aus der Naturwissenschaft hergeleitete «Evolutionäre Erkenntnistheorie» geben, nur ein gottesfürchtiges Streben nach Wahrheit. Die Jahrmilliarden im Weltbild der modernen Naturwissenschaft sind gegenüber dem Wort Gottes eine Sekunde auf den Uhren, mit welchen die Naturwissenschaft die Zeit misst.

Es wäre zu wünschen, dass die Naturwissenschaftler, welche eine der vielen, zum Teil sich widersprechenden *Evolutionstheorien* vertreten, in aller Deutlichkeit und immer wieder betonen, dass es sich bei diesen Betrachtungen um *Spekulationen handelt, die mit den Methoden der Chemie und Physik,* also durch Messungen im systematisch-reproduzierbaren Laboratoriumsexperiment, *nicht prüfbar sind.* Es handelt sich deshalb bei den Evolutionstheorien nicht um nüchterne Naturwissenschaft, sondern um phantasievolle Naturspekulationen, nicht um ein Wissen, sondern um einen Glauben. Viele der Evolutionstheorien beruhen auf dem Glauben, nicht an Gott zu glauben. In diesen Theorien darf alles die Ursache der Schöpfung sein, auch die unwahrscheinlichsten Wahrscheinlichkeiten und Zufälle, nur nicht

Gott. Wiederum als Laie blökend, bleibt mir nicht erspart, feststellen zu müssen, dass der Gott, der hier abgelehnt wird, der «Gott der Theologen» ist. An dieser Stelle gebührt es sich, dass der nach Priestern sich sehnende Laie deutlich sagt, wer mit diesen Theologen gemeint ist: Die verkopften, die mit einem engen, viel zu kleinen Herzen, die zu wenig oder gar nicht beten, Theologen, denen man nicht glauben kann, dass sie glauben, weil sie zu wissen glauben, was man nicht wissen kann.

Gewiss sind in der Naturwissenschaft Spekulationen nicht verboten; manche phantasievolle Vorstellung ist Ausgangspunkt für saubere wissenschaftliche Arbeit gewesen. Aber wenn Spekulationen angestellt werden, die im Laboratorium niemals verifiziert bzw. falsifiziert werden können, so ist es für einen seriösen Naturwissenschaftler Pflicht, dies mit aller Deutlichkeit und immer wieder zu betonen (und nicht bloss in Fussnoten anzudeuten). Bei den Vertretern der verschiedenen Evolutionstheorien wird dieser Pflicht aber kaum nachgekommen (sogar die Fussnoten sind selten zu finden); im Gegenteil, es wird so getan, als ob es sich um wissenschaftlich bewiesene Tatsachen handle. Besonders jene, die am stärksten an ihre Spekulationen glauben, geben am meisten vor, zu wissen. So drang die Evolutionstheorie in die Schulbücher ein und wird von Millionen Menschen für bare Wissenschaft gehalten. Die Schöpfung ist ein unbegreifliches Geheimnis, und es wäre ungereimt, Gott belehren zu wollen, wie er die Welt zu schaffen gehabt habe. In seiner Allmacht ist ihm beides möglich, nämlich sowohl durch einmalige Akte – durch Immanation – als auch durch Werdung – Evolution – zu schaffen. Mit der Naturwissenschaft lässt sich weder das eine noch das andere beweisen. Nur etwas ist theologisch, philosophisch und erkenntnistheoretisch unhaltbar: Dass der menschliche Geist durch Evolution aus tierischer Seelenhaftigkeit entstanden ist. Der Mensch ist von Anfang an ganz Mensch; er ist dadurch der ganz Andere der Schöpfung. Wie wir gesehen haben, ist es Adolf Portmann gelungen, dieses Andere, dieses Einmalige biologisch abzubilden in der Ontogenese des Menschen, eben durch die von den Anthropologen als das «Portmann-Phänomen» bezeichnete Besonderheit der Entwicklung des Menschen sowohl im Mutterschoss als auch nach der Geburt bis hin zu seinem späten Erwachsensein erst im zwanzigsten Lebensjahr. Oder der Göttinger Anatom Erich Blechschmidt, der mit seinen jahrzehntelangen humanembryologischen Forschungsarbeiten bewies, dass das sogenannte «biogenetische Grundgesetz» von Ernst Haeckel eine Spekulation ist, die den Tatsachen nicht entspricht, dass der menschliche Embryo vom ersten Tag an Mensch ist. Eine Tatsache, die in Göttingen in Form der «Humanembryologischen Dokumentationssammlung Blechschmidt» von jedermann eingesehen werden kann. Obwohl durch diese seriöse Forschungsarbeit widerlegt, geistert Haeckels Spekulation, nach der der Mensch im Mutterschoss verschiedene Tierstadien einer hypothetischen Evolution durchlaufen soll, nach wie vor als eine wissenschaftlich bewiesene Tatsache in den Schulbüchern herum.[12]

Entweder ist das Ich da oder es ist nicht da; dass ein Un-Ich zuerst ein Vor-Ich, dann ein Kaum-Ich und dann – immer icher werdend – ein Ich-bin-Ich wird, ist so undenkbar wie ein viereckiger Kreis. Wer es mit der Erkenntnistheorie ernst nimmt und sich nicht mit molekularbiologischen Spekulationen begnügt, vermag am Bild der biblischen Schöpfungsgeschichte nicht zu rütteln. So auch ein Altmeister der modernen Physik, Walter Heitler.[13] – «Und Gott der Herr machte den Menschen aus einem Erdenkloss, und er blies ihm ein den lebendigen Odem in seine Nase. Und also ward der Mensch eine lebendige Seele» (Gn 2,7). Wer ein Wunder definiert als etwas mit der Wissenschaft nicht Verstehbares, der ist von Wundern umgeben, und das grösste Wunder ist er selbst, weil er sagen kann, ich bin ich. Die Schöpfung ist ein Geheimnis, das mit den Mitteln der Wissenschaft nicht gelüftet werden kann. Nur ein unglaublicher Hochmut kann einen Menschen zum Ansinnen einer naturwissenschaftlichen Welterklärung verführen. Am schlimmsten sind jene Selbstorganisatoren der Molekularbiologie, die sich in ihrem Hochmut bescheiden geben. Im Kleid der Arroganz ist der Hochmut weniger Lüge als im Tarnanzug vorgegebener Gelehrtenbescheidenheit. Ein Wissenschaftler, der nicht an die Wissenschaft, sondern an Gott glaubt, der also die Wissenschaft ernst nimmt, wird Goethe zustimmen: «Das schönste Glück des denkenden Menschen ist, das Erforschliche erforscht zu haben und das Unerforschliche ruhig zu verehren.»

Die moderne Naturwissenschaft hat den alten Kosmos und seine Geborgenheit in die Endlosigkeit des Universums zersprengt. Die Lichtjahrmilliarden, die der Mensch in seinem Innern erzeugt hat, bedrängen seine Seele und hetzen ihn, auf Erden immer grössere Distanzen immer schneller zurückzulegen. Mit einem ungeheuren Aufwand an raffiniertester Technik entfernt er sich von der Erde, um seinen Fuss im Staub der hoffnungslosen Mondwüste abzudrücken. Nicht einmal ein Wind wird die Spur dieses höchsten aller babylonischen Türme verwischen. Dem Hochmut ist ein Jahrmilliardendenkmal gesetzt worden, neu unter der Sonne und neu auf dem Mond. Es ist die Zeit gekommen, wo Gott der Menschheit die Rechnung für ihren Materialismus stellt. Die Menschen müssten Zeit haben, um diese Rechnung zu bezahlen – viel Zeit, die Rechnung ist hoch. Sie haben aber keine Zeit, weil sie ihre Zeit in Geld verwandeln. So können sie die Rechnung Gottes nicht bezahlen. Gott wird ihnen in seiner Barmherzigkeit das Geld wegnehmen, damit sie wieder Zeit haben, ihre Schuld zu tilgen. Oft und immer wieder hat Christus den Menschen auf ihrem Irrweg in den Materialismus gesagt: Kommt mit mir, folgt mir nach! Die Menschen haben gesagt: Wir haben keine Zeit. Sie bauten, um Zeit zu haben, Eisenbahnen, Automobile und schliesslich Flugzeuge, die schneller fliegen als der Schall. Aber es erging ihnen mit der Zeit wie mit dem Geld: Je mehr sie mit ihren Maschinen davon zusammenrafften, um so mehr wollten sie haben. Die Menschen hörten auf den Fürsten dieser Welt, der ihnen ins Herz flüsterte: Zeit ist Geld. Jetzt können sie die zu einem hohen Betrag angelaufene Rechnung nicht bezahlen, weil sie Geld haben, aber keine Zeit. Und bald kommt der Tod und sagt: Komm mit. Die Menschen sagen ihm dasselbe, was sie Christus gesagt haben: Wir haben keine Zeit. Da sagt der Tod: Das macht nichts, ich gebe euch viel Zeit – eine ganze Ewigkeit. Dies ist eine frohe Botschaft, weil Christus durch seine Menschwerdung arm an Geld und reich an Liebe – Liebe braucht viel, viel Zeit, besonders für die Kinder – in seiner Auferstehung dem Tod den Stachel genommen hat. Um am ewigen Leben teilzuhaben, müssen wir, so sagt Angelus Silesius, dem Kind von Bethlehem Krippe sein:

> Wird Christus tausendmal zu Bethlehem geboren
> Und nicht in dir, du bist doch ewiglich verloren.0

Die Zeit dazu kann nicht durch Schnelligkeit gewonnen werden, und so warnt der Mystiker aus Schlesien:

> Halt an, wo läufst du hin? Der Himmel ist in dir;
> Suchst du ihn anderswo, du fehlst ihn für und für.

Dem ewigen Leben steht der Tod gegenüber als eine schreckliche Polarität, denn der Tod ist keineswegs ein Zustand von Nichtsein, sondern vielmehr der Zustand des Bewusstseins der Trennung von Gott durch die in der Entscheidung gegen Ihn missbrauchte Freiheit. Es besteht also nicht die Möglichkeit, zu Gunsten eines bequemen Erdenlebens auf das ewige Leben zu verzichten, um ein Nichtsein nach dem Sterben in Kauf zu nehmen.

In der Technokratie gilt die Wertung «schneller gleich besser», die Schnelligkeit aber ist ein Mangel an Liebesfähigkeit. Wer nicht warten kann, kann auch nicht lieben. So wie die Liebe ist auch die Kraft des Wartenkönnens aus der Welt entschwunden, die eine Kraft des Gebetes ist – also eine ganz starke Kraft. Die grösste Liebe bringt die Kraft des grössten Wartens: Die Liebe zu Gott bringt die Kraft des Wartens auf die Wiederkunft Christi in der Parusie: «Siehe, ich komme bald» (Apk 3,11). Romano Guardini sagt: «In Wahrheit ist jede Zeit bald, weil jede Zeit kurz ist.»[5] Wenn wir die rasenden Räder unserer kulturlos gewordenen Zivilisation betrachten, so gibt eine kulturgeschichtliche Tatsache zu denken: Die Kulturen des vorkolumbischen Amerika hatten keine Transportmittel mit Rädern. Auch in den Hochkulturen Mittelamerikas hat es keine Wagen gegeben, obwohl die Ethnologen für diesen Raum Spielzeuge mit Rädern nachweisen können.[14] Diese technologische «Lücke» mit mangelnder Intelligenz erklären zu wollen, wäre in Anbetracht des hohen Standes dieser Kulturen eine Überheblichkeit unsererseits. Wollten diese Menschen den Wagen nicht? Materielle Vorteile nicht zu wollen, scheint unserer (materialistischen) Geisteshaltung ausgeschlossen. Das beweist aber keineswegs, dass es grundsätzlich andere Geisteshaltungen nicht gibt. Die Indianer wurden von den Rädern einer Zivilisation überrollt, welche die Botschaft Christi schwer missbraucht hat. Gewiss, das Rad ist eine segensreiche Erfindung. Aber wenn es zu schnell wird – und schnelle Räder sind immer zu schnell – zerschneidet es die Erde – die

Heimat des Lebens – mit Strassen, auf welchen es keinen Gruss und kein Verweilen gibt. Das Staunen gilt nicht mehr der Schöpfung, sondern der Maschine, die sie durchrast. In der Maschine bestaunt der Mensch sich selbst, er begeht die alte erste Sünde, die des Hochmuts; die missbrauchte Freiheit gebiert die Eitelkeit.

Ein Symbol des sich drehenden Rades ist der Tanz um das goldene Kalb; hebräisch kann «egel» sowohl Kalb als auch Kreis heissen. Augustinus hat die Sünde als die «anima in se curvata – die in sich gekrümmte Seele» bezeichnet; also die Sünde als ein Immer-wieder-dasselbe-Tun. Bei der Verfolgung der Israeliten stiess Gott den Ägyptern die Räder von ihren Wagen (Ex 14,25). Die schreitenden Juden kommen vorwärts; die drehenden Räder ihrer Verfolger schreiten nicht – sie bringen den Ägyptern keinen Fort-Schritt.[15] Die über unsere Autobahnen heulenden Gummiräder zerreissen die Stille des Christuswortes; die Lüge ist so laut geworden, dass die Wahrheit kaum noch jemand hört: «Aber viele, die da sind die Ersten, werden die Letzten, und die Letzten werden die Ersten sein» (Mt 19,30). Wie wir schon gesehen haben, ist der Weg, auf welchem diese Worte Wirklichkeit werden, die Sackgasse, in der wir uns befinden. Bei der Busse, der Umkehr, dem einzigen Weg aus der Falle, werden die Letzten die Ersten sein. Das sind jene, die am wenigsten Automobile und am meisten Pferde, Kamele und Esel haben. Die Tiere werden noch schreiten, wenn das letzte Automobil verrostet ist. Im verwirklichten Christentum wird es keine Schnelligkeitsmaschinen geben, weil in dieser höchsten aller Kulturen die Wege nicht immer schneller, sondern immer schöner und liebevoller gemacht werden. Alle Orte werden Heimat sein, voller Liebe; sie werden dem Wanderer das Weiterziehen schwer machen – der Langsamste wird der Glücklichste sein. Mit unseren schnellen Rädern versuchen wir Zeit zu gewinnen und verlieren sie, weil nur jene Zeit gewonnen ist, die wir Gott geben. Bis zur Verwirklichung des Christentums, bis zur Menschheit der Liebe, dauert es um jene Zeit länger, die wir Gott nicht gegeben haben – Jahrhunderte.

Die materialistische Naturwissenschaft unterscheidet sich von den ihr vorausgegangenen Betrachtungsweisen dadurch, dass sie – allen Irrtümern ihrer Geschichte zum Trotz – immer wieder von neuem zu wissen glaubt, wie die Welt funktioniert (heute als immenser Quantenmechanismus, nachdem der klassische Mechanismus untauglich wurde) und – in der physikalisch-chemisch messbaren Materie die ersten und die letzten Gründe suchend – stets neue und neueste Spekulationen als wissenschaftlich erwiesene Tatsachen anbietet. Wie lange es den Wissenschaftsjournalisten noch gelingt, den Steuerzahlern diesen Handel schmackhaft zu machen, ist eine Frage der Zeit. Ein Glaube, mit dem die Existenzgrundlage dieser Wissenschaft steht oder fällt. Die Welterklärungsinstitute kosten heute viele Milliarden und jedes Jahr mehr. Die Ursache für die Überzeugung einer physikalisch-chemischen Welterklärung liegt in der Entphilosophierung der modernen Naturwissenschaft, in welcher bloss noch nach dem Wie und nicht mehr nach dem Was der Materie gefragt wird. So ist der Weg zur Frage nach dem Wer der Welt, Gott, unterbrochen. In der materialistischen Naturwissenschaft wird die Existenz der Materie schlicht und einfach vorausgesetzt: Die Materie ist da, und ihr Woher ist sinnlos, weil es kein Woher gibt. Die Frage nach einem Anfang wird bestenfalls mit dem sogenannten Urknall, neudeutsch «big bang», beantwortet. Jeder Sprengmeister weiss, dass eine Explosion sich schlecht zum Aufbau eines Hauses eignet. Nur der pubertäre Wille, keinen Vater haben zu wollen, kann sich mit der Einfältigkeit begnügen, dass die Schöpfung, von einer Riesenexplosion ausgehend, durch physikalisch-chemisch «gesteuerte», zufällige Zusammenstösse von Atomen und Molekülen entstanden sein soll.

Die Folgen dieses Hochmutes, welcher den Materialisten den Glauben an die unglaublichsten Welterklärungen gestattet – nur nicht den Glauben an Gott –, zeichnen sich immer deutlicher in der Haltung der Menschen gegenüber einer solchen Wissenschaft ab. Eine Haltung, die von den Vertretern des naturwissenschaftlichen Materialismus als wissenschaftsfeindlich bezeichnet wird. Unter Wissenschaft verstehen sie dabei ihren Materialismus, der heute besonders von jenen Molekularbiologen genährt wird, welche Spekulationen über eine «Selbstorganisation der Materie» anstellen.[16] In dieser Zeit der Wissenschaftsgläubigkeit lehnen viele wegen der Unzulänglichkeit von Priestern die Religion ab. Diese «Logik» wird demnächst dazu führen, dass eine immer grösser werdende Zahl von Menschen die Wissenschaft ablehnt wegen der Fehler von Professoren, Doktoren und Experten. Das eine ist so falsch wie das andere, aber beides hat dieselbe Wurzel: die Missachtung des höchsten Gebots, des Liebesgebots gegenüber Gott und dem Menschen – und somit gegenüber der ganzen Schöpfung. Man kann nicht den Schöpfer lieben und seine Geschöpfe schänden. Freiheit ohne Liebe führt immer in die Gefangenschaft der Freiheit von Gott – in die Gottlosigkeit. In der kommenden Kultur, im verwirklichten Christentum, wird die Liebe stets Pfand für die Freiheit sein. In dieser Freiheit *für* Gott wird keine sogenannte wertfreie Wissenschaft mehr die Menschheit in das Verhängnis einer Freiheit von Verantwortung führen. Jeder Wissenschaftler wird dann mit einem «ora et labora» in Liebe zu Gott und den Menschen und der Schöpfung nur das tun, was er vor Gott moralisch und ethisch verantworten kann. In dieser Naturwissenschaft wird nicht mehr alles gemacht werden, was technisch möglich ist – aus Liebe zur Natur. Aus einer solchen Wissenschaft wird eine Technik hervorgehen, die nicht bloss Zivilisationswerkzeug, sondern in erster Linie Kulturfaktor ist. Im verwirklichten Christentum wird sie ein Träger der höchsten Kultur aller Zeiten sein: einer durch Liebe vereinigten – verinnigten – Menschheit.

1 Jacques Monod: «Zufall und Notwendigkeit», München 1971.
2 Titus Brandsma O. Carm.: «Meine Zelle», München 1967.
3 Giordano Bruno: «De l'infinito, universo e mondi», 1584.
4 Georg Siegmund: «Seele und Seelen», unveröffentlicht.
5 Romano Guardini: «Der Herr», Freiburg 1980.
6 Siegmund Freud: «Die Zukunft einer Illusion», Wien 1928.
7 Herbert Haag: «Abschied vom Teufel», Einsiedeln 1978.
8 Gustav E. Benseler: «Griechisch-Deutsches Wörterbuch», Leipzig 1879.
9 Ferdinand Holböck: «Warum ist Gott ein Kind geworden?», Stein am Rhein 1977.
10 Theobald Beer: «Der fröhliche Wechsel und Streit – Grundzüge der Theologie Martin Luthers», Einsiedeln 1980.
11 Alma von Stockhausen· «Mythos-Logos-Evolution», Neuhausen-Stuttgart 1981.
12 Erich Blechschmidt: «Wie beginnt das menschliche Leben», Stein am Rhein 1976.
13 Walter Heitler: «Die Natur und das Göttliche», Zug 1974.
14 Private Mitteilung von Dr. phil. Annemarie Foote-Baldinger, Lektorin für Ethno-Technologie an der Universität Basel.
15 Hanna-Barbara Gerl: «Hat der Christ einen Trend zum Unvitalen?», München 1980.
16 Manfred Eigen/Ruthild Winkler: «Das Spiel», München 1975.

Die Sackgasse in den Zufall

In der Welt, in der wir leben, lassen sich die Dinge in zwei Gruppen
einteilen: In solche, die nicht von Menschen gemacht sind, und in solche, die von Menschen gemacht sind. Das klingt banal und ist – wie
manche Banalitäten – entscheidend. Zur Unterscheidung genügt in
den meisten Fällen dasjenige, von welchem René Descartes gleich zu
Beginn seiner «Abhandlung über die Methode» sagt: «Kein Ding ist
in der Welt besser verteilt, als der gesunde Menschenverstand; denn
jeder glaubt, damit so wohl versehen zu sein, dass selbst wer in allem
anderen noch so schwer zu befriedigen, nicht gewohnt ist, mehr davon
zu wünschen, als er besitzt.» Nur ausnahmsweise bedarf es der Urteilskraft eines speziell geschulten Auges. Zum Beispiel in der Archä-
ologie, wenn Korrosion die Formen verflacht hat, oder bei Funden,
die hinter dem Horizont der Geschichte liegen. Der sicherste Hinweis
für Artefakte der Vorgeschichte ist das Feuer. Die Spuren manipulier-
ten Feuers erhellen auch die dunkelsten prähistorischen Räume. Nur
die geistgelenkte Hand des Menschen vermag dem Feuer zu gebieten.
Wir leben in einer Zeit, wo die Zahl und die Grösse der von Menschen gemachten Dinge wie Häuser, Maschinen, Strassen und Chemikalien mit grosser Geschwindigkeit wachsen. Im Mass dieses Wachstums verschwinden die Gegebenheiten der Schöpfung – die Tiere, die
Pflanzen, die natürlichen Landschaften und die natürlichen Gewäs-
ser, selbst die Meere sind bedroht. Die Gemachtheiten verdrängen die
Gegebenheiten.

In allen uns vorausgegangenen Kulturen war es eine Selbstverständlichkeit, dass die nicht von Menschen gemachten Dinge von
Gott oder von Göttern geschaffen worden sind. In erster Linie war das
Wesen, das Dinge zu machen imstande ist, ein Geschöpf des Schöpfers. Bei allen Kulturen war das Aufkommen eines Mangels an Gottesfurcht ein sicherer Bote des Untergangs; die Kulturen sanken auf
die Stufe einer blossen Zivilisation, deren religiöse Leere eine mensch-

liche Gesellschaft nicht zu tragen vermag. Der Materialismus überbietet alle ihm vorausgegangenen Untergangszivilisationen an Kulturlosigkeit durch seine besondere Art der Gottlosigkeit, indem die Technokraten alles für machbar halten. Die dialektischen Materialisten erklären sogar Gott für machbar, indem sie sagen, die Menschen seien nicht von Gott, sondern Gott sei von den Menschen gemacht worden als ein Wunschprodukt ihres Zentralnervensystems. Karl Marx und seinen Ideologen sei es vorbehalten gewesen, die Menschen über ihren Jahrtausende alten Irrtum aufzuklären. Eine Aufklärungsarbeit, die, wie der Nobelpreisträger Manfred Eigen meint, dank der Molekularbiologie zu einem Abschluss gebracht werden konnte, indem diese Wissenschaft (siehe vorausgehendes Kapitel) «dem Jahrhunderte aufrecht erhaltenen Schöpfungsmystizismus ein Ende gesetzt hat». Nach dieser Aufklärungs-«Wissenschaft» sind alle Dinge, die nicht von Menschen gemacht sind, Produkte von physikalisch-chemisch «gesteuerten Zufällen». Wenn man Gott ausschliessen will, bleibt tatsächlich nur der Zufall als ein «Gott», an den zu glauben es die Glaubenskraft der Materialisten erfordert. «Was dieser Professor sagt», meint François Mauriac, «ist schwerer zu glauben, als was wir arme Christen glauben». Dem Materialisten ist keine Spekulation zu absurd, wenn er damit Gott ausschliessen kann. Dabei übersehen sie, dass sie Gott bloss aus einem Denksystem von plausiblen Erklärungen ausschliessen, in welchem sie sich selbst einschliessen. Ein System, das sie nicht verlassen dürfen, weil sie sonst Gott begegnen. Der Atheismus ist ein Land, das von einer Mauer abgeschlossen ist, die zu übersteigen dem Atheisten verboten ist. Die marxistischen Staaten haben diese Mauer in der Tat verwirklicht. Die traurige Lächerlichkeit des materialisierten Materialismus zwingt die Marxisten zur Humorlosigkeit. Es gibt ja innerhalb ihrer Mauern tatsächlich nichts zu lachen. Weil der Humor durch die Ebenbildschaft des Menschen etwas Göttliches ist, kommt in der Humorlosigkeit des Marxismus seine Unmenschlichkeit zum Ausdruck. Eine Tatsache, die für alle Ideologien gilt.

Obwohl der Glaube der Atheisten (nicht an Gott zu glauben) sehr stark ist, hat kein materialistischer Molekularbiologe die Kraft zu glauben, dass beispielsweise ein Automobil aus der Materie, aus der es besteht, sich selbstorganisierend durch physikalisch-chemisch gesteuerte Zusammenstösse der Atome, von selbst entsteht, wenn man der Selbstorganisation nur genügend Zeit lässt. Jedermann weiss, dass ein Automobil, wenn man es ausschliesslich physikalisch-chemischen Kräften, also sich selbst überlässt, von selbst zerfällt. Jedoch reicht der Glaube der Materialisten aus, zu glauben, dass ein Pferd von selbst aus der Materie, aus der es besteht, durch physikalisch-chemisch gesteuerte Zufälle entstanden ist, obwohl das Pferd unvergleichlich viel komplizierter ist als ein Automobil. Übrigens: das Pferd ist automobil, selbst-bewegend, nicht die Maschine, die mit grossem Aufwand an menschlicher Arbeit gebaut werden muss.

Wir sehen, der Irrtum kommt schon im Namen Automobil zum Ausdruck. Aber der Deus ex machina der Molekularbiologen, der physikalisch-chemisch gesteuerte Zufall, der keine Maschinen hervorzubringen vermag (sonst müssten in den Urwäldern schon seit Jahrmillionen von selbst Autos umherfahren), soll nicht bloss *ein* Lebewesen hervorgebracht haben, sondern die *ganze Schöpfung* mit ihrer weisheitsvollen Fülle an Schönheiten. Wie der Name ihrer Wissenschaft sagt (der ebenfalls irreführend ist: es gibt keine lebenden Moleküle), beginnen die Molekularbiologen ihren Darwinismus, den Mechanismus vom Überleben des Tüchtigsten durch Selektion und Mutation, die Erkürung des Todes zum Schöpfer (der bessere Tötungsmechanismus überlebt), schon bei den Molekülen der nichtlebendigen Stoffe. Aus dieser «Ursuppe», wie sie die Oberfläche der Erde in diesem frühen Zustand nennen, soll auch jenes Lebewesen als ein Produkt des Zufalls einer Stossstatistik von Molekülen und der Notwendigkeit physikalisch-chemischer Gesetze hervorgegangen sein, das die Möglichkeit zum Denken von solchermassen absurden Spekulationen hat: Der Mensch, der fähig ist, sowohl Wissenschaft als auch Unwissenschaft zu betreiben. Als zufällig entstandenes Wesen soll er in der Lage sein, mit seinen geistgelenkten Händen Maschinen hervorzubringen, die nicht zufällig entstehen können. Der pubertäre Hochmut, keinen Vater – Schöpfer – haben zu wollen, kennt keine Grenzen. Er nimmt zur Erklärung der Farbenpracht und Gestaltenfülle der Schöpfung die geistig ärmste aller Spekulationen in Kauf: den Zufall. Das Chaos soll die Quelle des Logos, die Hässlichkeit die Ursache der Schönheit sein. Im Materialismus gilt es als ein Zeichen von Intelligenz, nicht an Gott zu glauben, sondern an den Zufall. Der Theologenhochmut der Renaissance hat den Wissenschaftlerhochmut des Materialismus gezeugt. Es schämt sich heute niemand, öffentlich an den Zufall zu glauben. Jedoch den Glauben an Gott öffentlich zu bekennen, gilt heutzutage als ebenso mutig wie ungebildet. Im Zeitalter der schnellen Räder fällt ein Zirkelschluss mehr oder weniger nicht auf: Eben, das Zufallsprodukt Mensch sieht sich durch die Zufallstheorie in den Sachzwang, das hervorzubringen, was nicht Zufall sein kann – die Maschine. Übrigens bringt der zufällig entstandene Mensch noch etwas anderes hervor, das nicht Zufall sein kann, nicht Zufall sein darf: die Zufallstheorie.

Die darwinistische Zufallshypothese ist eigentlich ein sacrificium intellectus, eine Aufopferung des Verstandes zur Befriedigung des Hochmutes und der Eitelkeit, keinen Schöpfer zu haben. Wenn nämlich mit der hohen Intelligenz, welche die naturwissenschaftliche Tätigkeit fordert, die Schöpfung offenen Auges und offenen Herzens betrachtet wird, so bleibt dem Forscher nur ein grenzenloses Staunen über die unermessliche Weisheit, die sich ihm offenbart. Eine Weisheit, gegenüber der die ganze Wissenschaft ein armes Gestammel ist. Überwältigt von der Allmacht dieses Geistes, den zu ahnen ihm die Wissenschaft gewährt, kann er nicht anders als wie der ungläubige Thomas auf die Knie sinken und sagen: «Mein Herr und mein Gott!» (Joh 20,28). Verschütten aber Hochmut und intellektuelle Eitelkeit den Weg zur Weisheit mit unreflektiertem Wissen, so ist es um so schwerer, weise zu werden, je mehr man von diesem Wissen weiss. Wer als Wissenschaftler keinen Schöpfer haben will, dem bleibt zur Erklärung seiner und der Welt Existenz nur die Leugnung des Geistes mit dem eigenen Geist: die Spekulation vom Zufall als «Schöpfer». Die Christen sind verpflichtet, nicht nur selbstverschuldeter materieller Armut Barmherzigkeit entgegenzubringen, sondern auch selbstverschuldeter geistiger Armut. Die Christen sollen nicht nur ihre, sondern auch die Feinde Gottes lieben, weil die Liebe die einzige Kraft ist, die einem Atheisten Gott zu offenbaren vermag.

Der Materialismus ist das Zeitalter der Liebelosigkeit und – weil die Schönheit das Gefäss der Liebe ist – der Hässlichkeit. Das, was moderne Kunst genannt wird, bringt die Hässlichkeit des Materialismus deutlich zum Ausdruck. Es ist der Mangel an Liebe, der es für intelligenter – gebildeter, aufgeklärter – scheinen lässt, an den Zufall und dessen Deus ex machina, die physikalisch-chemischen Gesetze, zu glauben statt an Gott. Denn der Gott, der durch Liebelosigkeit geleugnet werden soll, ist ein Gott der Liebe. Die Schöpfungsgeschichte ist kein physikalisch-chemischer Selbstorganisationsprozess, sondern die leidvolle Liebesgeschichte zwischen Gott und den Menschen. Seit dem Sündenfall – der Abkehr der Kinder vom Vater, dem Nichtwollen der väterlichen Liebe – ist jede Liebesgeschichte eine Leidensgeschichte. Jeder Weg ist ein Leidensweg, der durch die Erlösungstat Christi zurückführt zum Vater. Christus hat das Leiden nicht aus der Welt genommen, sondern dem Leiden einen Sinn gegeben: der Leidensweg – der Kreuzweg – ist ein Heimweg. Liebe setzt Freiheit voraus, weil niemand zur Liebe gezwungen werden kann. Weil ohne Freiheit die Liebe verschwinden würde, achtet Gott die Freiheit der Menschen unbedingt. Auch Gott kann den Menschen nicht zwingen, ihn, den Vater, zu lieben. Die christliche Weisheit vom Sinn des Leidens wurde auch von der modernen Psychologie wieder entdeckt. So schreibt der bekannte Psychoanalytiker Horst E. Richter: «Wer nicht leiden will, muss hassen».[1] Die christliche Formulierung würde lauten: Wer nicht leiden will, kann nicht lieben.

Um Gott nicht zu lieben, um ihn zu leugnen, muss der Materialist die Materie als ewig existierend voraussetzen. Neuerdings – um den Entdeckungen der modernen Physik gerecht zu werden – als einen ewigen dialektischen Prozess zwischen Masse und Energie. Die Peinlichkeit der Entdeckungen der modernen Physik für den Materialismus im allgemeinen und für die sowjetische Ideologie im speziellen kommt in den Anstrengungen Stalins zum Ausdruck, der meinte, es sei nötig, die moderne Physik zu leugnen, um Gott leugnen zu können. Wie die heutigen Ideologen zeigen, waren diese Anstrengungen Stalins überflüssig: Man kann Gott auch mit der modernen Physik leugnen. Jedoch hat die marxistische Verbohrtheit des Diktators der sowjetischen Wissenschaft einen Schaden zugefügt, an dem sie heute noch leidet. Der Materialist darf die Frage nach dem Woher der Materie nicht stellen. Sie ist für ihn der Gott, nach dessen Woher zu fragen sinnlos ist. Für den Gottesgläubigen hört die Frage nach dem Woher erst beim Höchsten auf – bei Gott. Der Materialist muss mit dem Fragen schon beim Niedrigsten aufhören, bei der Materie, die er mit einer Apotheose in seiner Ideologie zum Götzen erhöht. Die raffinierten Gedankengebäude, die von den Materialisten zu diesem Zweck errichtet werden, erfordern eine hohe Intelligenz, die sich dadurch auszeichnet, dass sie ohne Weisheit ist. Sie ist die Intelligenz eines grossen, aber nicht hinreichenden Wissens, dessen Unzulänglichkeit im Mangel an der Schöpferkraft der Welt besteht: im Mangel an Liebe. Eine Intelligenz, die die Liebe dadurch ablehnt, indem sie sie zu definieren versucht. Aber die Kräfte des Herzens stehen über den Kräften des Kopfes und sind daher mit Wissenschaft nicht zu erfassen. Aus der liebelosen Intelligenz entstand die sogenannte wertfreie Wissenschaft, deren einziger Wert die Wertfreiheit ist. Eine Wissenschaft, die frei vom Wert aller Werte ist: frei von der Liebe. Weil die moderne Naturwissenschaft täglich wertfreier und somit liebeloser wird, wird sie täglich zweckvoller und täglich sinnloser. Die Liebe ist das Zwecklose und Sinnvolle an sich. Die wertfreie Wissenschaft ist eigentlich eine wertlose Wissenschaft, weil ihr der Wert der Werte fehlt, die Liebe.

Der Wert der Wertfreiheit wurde solange für sinnvoll gehalten, bis die Anwendung in der modernen Technik den höchsten Wert der Erde bedroht: das Leben. Nicht wie vor der Atombombe die einzelnen Leben, sondern *das* Leben überhaupt. Im 17. und 18. Jahrhundert hat die Kopflogik über die Herzenslogik, Descartes über Pascal, die Ratio über die Liebe gesiegt. Die Folge des Rationalismus war, dass im 19. Jahrhundert die «Edisons» und «Fords» über die «Goethes» und «Schillers» siegten, die Macher über die Denker. Denn das Fundament des Rationalismus ist nicht der Geist, sondern die geistgelenkte Hand des Experimentators, nicht die Denk-ung, sondern die Handlung, die Mach-ung. Die Welt huldigte im aufkommenden Zeitalter der Macher – der Technokraten – dem Darwinismus, wo nicht die Liebesfähigsten, sondern die Tüchtigsten die Besten sind. Die alte erste Sünde, sein zu wollen wie Gott, hat in der modernen Naturwissenschaft ihre Vollendung gefunden. Eine Vollendung, die im Ende des Materialismus als Anfang des Weges ins verwirklichte Christentum besteht. Wir stehen am Anfang des Weges in die höchste Kultur der

Weltgeschichte, wo eine Menschheit der Nächsten- und somit Gottesliebe sein wird, wo Kopf, Herz und Hand, wo der Gedanke, das Gefühl und die Tat durch die Liebe ausgewogen in Harmonie wirken werden. Hochmut und Eitelkeit herrschen immer dann, wenn der Kopf klüger sein will als das Herz. Der Kopf soll der Diener des Herzens sein, sonst wird alles käuflich, und das, was nicht käuflich gemacht werden kann, verschwindet: die Liebe. Die von Christus geforderte Nachfolge besteht in der Liebe und nicht in der Intelligenz; der Geist Gottes ist für den Menschen unerreichbar; in der Liebe können wir vollkommen werden wie der himmlische Vater (Mt 5,48).

Der Feuerraub des Prometheus ist die Mythologie vom menschlichen Hochmut; Gott hat den Menschen das Feuer *geschenkt* zusammen mit der Freiheit, es zu missbrauchen – seine Liebe nicht zu wollen. Ohne Freiheit wäre der Mensch nicht Mensch, deshalb kann Gott die Freiheit nicht antasten, ohne dass er das Menschsein – seine Ebenbildschaft – antasten würde. Die materialistischen Ideologen reduzieren die Freiheit des Menschen auf die Freiheit, die Ideologie freiwillig anzunehmen. Mit anderen Worten: Wer sich dem Zwang beugt, ist frei. Ein liebender Vater ist bereit, für die Freiheit seiner Kinder zu leiden und die verlorenen Söhne und Töchter – verloren durch den Missbrauch der Freiheit – in Liebe wieder anzunehmen. Die zahlreichen gnostischen Sekten versuchten und versuchen immer wieder, Christus mit dem Kopf nachzufolgen. Sein Denken nachzuvollziehen, wie sich eine dieser Sekten ausdrückt. Das führt stets in den Hochmut und die Eitelkeit der Selbsterlösungslehren. Da eine solche Selbsterlösung in einem Leben nicht gelingt (wie die Erfahrung zeigt), sehen sich die Gnostiker zu Reinkarnationstheorien gezwungen. In solchen Kreisen kann man Menschen antreffen, die wissen, als was beziehungsweise als wer sie im Verlauf der vergangenen Jahrtausende inkarniert gewesen seien. Für sie ist eine solche Genealogie so selbstverständlich wie der Stammbaum eines alten Adelsgeschlechtes.

Der Darwinismus ist über die Stufe des Neodarwinismus im Molekulardarwinismus heute am Ende seiner Sackgasse angelangt. Die Problematik des Begriffs Zufall in der sichtbaren Schöpfung wurde von den Molekularbiologen im Bereich der unsichtbaren Moleküle mit Hinweis auf ein Zitat von Wittgenstein zum Verschwinden gebracht: Die Lösung des Problems zeigt sich, indem das Problem verschwindet. Die Vertreter der mannigfaltigen Selbstorganisationstheorien – die sich zum Teil widersprechen – lassen die Lebensformen durch Aneinanderreihen von Atomen entstehen, indem sie sich die zu bildenden Gestalten vorher denken. Ihr Trugschluss beruht auf zwei Tatsachen. Erstens vergessen sie bei ihrem Denken, dass sie die Gestalten, die durch den statistischen Zufall und die Notwendigkeit physikalisch-chemischer Gesetze entstehen sollen, denken. Sie verwechseln also den Gegenstand mit der Voraussetzung des Gegenstands. Eine Verwechslung, die auf der Meinung beruht, ein gedachter Gegenstand – eben die Voraussetzung des Gegenstands – sei ein Nichts, so dass der (materielle) Gegenstand von selbst durch physikalisch-chemisch gesteuerte Anordnung der Atome entstehe. Diese Ansicht ist begreiflich, da im Materialismus die geistigen Werte keine Realitäten sind. Zweitens vergessen sie, dass die ins «Spiel» gesetzten *Atome keine geometrische Gestalt* haben, dass sie also Gestalt aus Raumlosigkeit herleiten wollen. Hören wir zu diesem Problem eine Autorität der Atomphysik, Werner Heisenberg: «Bei Demokrit hatten die Atome die Qualitäten wie Farbe, Geschmack usw. verloren, es war ihnen nur die Raumerfüllung geblieben; geometrische Aussagen über Atome galten als zulässig und bedurften keiner weiteren Analyse. In der modernen Physik verlieren die Atome auch noch die letzte Eigenschaft, sie besitzen die geometrischen Qualitäten nicht in höherem Mass als die anderen: Farbe, Geschmack usw. Das Atom der modernen Physik kann zunächst nur symbolisiert werden durch eine partielle Differentialgleichung in einem abstrakten vieldimensionalen Raum ... Für das Atom der modernen Physik sind alle Qualitäten abgeleitet, unmittelbar kommen ihm überhaupt keine materiellen Eigenschaften zu; das heisst jede Art von Bild, das unsere Vorstellung vom Atom entwerfen möchte, ist eo ipso fehlerhaft. Ein Verständnis ‹erster Art› ist für die Welt der Atome – beinahe möchte ich sagen: per definitionem – unmöglich.»[2] Im Raumzerfall der modernen Atome besteht die Sackgasse der modernen Physik, welche auf einer unzulänglichen Reflexion der Sinneswahrnehmungen beruht, die sogenannte Zenonsackgasse, die ich an anderer Stelle diskutiert habe.[3]

Die Unräumlichkeit der Atome hindert die Molekularbiologen nicht, zur Illustration ihrer Selbstorganisationen die Atome und Moleküle mit den zur Selbstorganisation passenden Formen in ihren Büchern abzubilden, so dass die Präzision einer Quarzuhr gegen die Verzahnung dieser Mechanismen eine Kleinigkeit ist. Aber solche Welterklärung ist nicht neu. Das Verstecken der sichtbaren Probleme in unsichtbare Atome wurde schon im vergangenen Jahrhundert als Wissenschaft angeboten. Hören wir einen anderen Grossen der Geschichte der modernen Naturwissenschaft, den Baseler Chemiker Christian Friedrich Schönbein: «Mir will es überhaupt scheinen», schreibt er im Jahr 1849, «als ob heutigen Tages auf dem chemischen Gebiete des Redens zuviel sei von kleinsten Theilchen, Molecülen, Kernen und dergleichen zum Behufe der Erklärung von Erscheinungen, die möglicher-, ja wahrscheinlicherweise ihren Grund in etwas ganz anderem als in den mechanischen Anordnungsverhältnissen der hypothetischen Körperatome haben. Nichts ist allerdings leichter als das Umspringen mit kleinsten Theilchen, in welcher Kunst es bekanntlich unsere Gallischen Nachbarn zu einer grossen Meisterschaft gebracht haben; denn wer ein bisschen geometrische Einbildungskraft besitzt, der baut aus einem gehörigen Vorrath von Atomen selbst ganze Welten ebenso leicht zusammen, als der Koch seine Plumpuddinge aus Mehl und Rosinen bereitet.»[4] Ganz am Ende der darwinistischen Sackgasse steht die sogenannte «Evolutionäre Erkenntnistheorie», wo die Problematik ganz einfach wird: Das Erkennen sei, so Robert Kaspar, «die Funktion eines biologischen Organs, nämlich des Nervensystems.»[5] Einfacher geht es nicht mehr.

Wer Gott nicht haben will, muss sich geistig erniedrigen; ihm bleibt zur Erklärung der Schöpfung nur der Zufall, einem anderen Gedanken darf der Materialist nicht einmal den «kleinen Finger geben». So Emil Du Bois-Reymond in einer im Jahr 1876 gehaltenen Rede: «Einen Mittelweg gibt es nicht. Wer nicht schlechthin alles Geschehen in die Hand des Epikureischen Zufalls legt, wer der Teleologie den kleinsten Finger reicht, langt folgerichtig bei W. Paleys verrufener Natural Theology (also bei der Anerkennung Gottes) an: um so unvermeidlicher, je klarer und schärfer er denkt und je unabhängiger er urteilt ... Die wenn auch nur in der Ferne gezeigte Möglichkeit, die scheinbare Zweckmässigkeit aus der Natur zu verbannen und überall blinde Notwendigkeit an Stelle von Endursachen zu setzen, erscheint deshalb als einer der grössten Fortschritte in der Gedankenwelt. Jene Qual des über die Welt nachdenkenden Verstandes in etwa gelindert zu haben, wird, solange es philosophische Naturforscher gibt, Charles Darwins höchster Ruhmestitel sein» (Emil Du Bois-Reymond, Reden I, 1886, S. 215 f.). Deutlicher kann die materialistische Denkmauer, die zu übersteigen dem Materialisten verboten ist, nicht sichtbar gemacht werden. Ein Nachfolger Du Bois-Reymonds, der Nobelpreisträger Jacques Monod, schreibt ein Jahrhundert später, dass der Mensch «seinen Platz wie ein Zigeuner am Rande des Universums hat, das für seine Musik taub ist und gleichgültig gegen seine Hoffnungen, Leiden oder Verbrechen.»[7] Wie man sieht, ist dem naturwissenschaftlichen Materialismus die totale Zerstörung des Menschenbildes gelungen. Die entsprechenden Lehrstühle und kostspieligen Institute werden von der Gesellschaft, die von dieser Zerstörung betroffen wird, finanziert. Die Geschichte kennt keine aufwendigere Art von Selbstmord.

Eine treffende Darstellung der Rolle des Zufalls im Darwinismus gibt Georg Siegmund in seinem Werk «Naturordnung als Quelle der Gotteserkenntnis»: «Es ist nun der eigentliche und letzte Sinn des Darwinismus gewesen, die Entwicklungsvorgänge in unendlich kleine Schritte aufzulösen und sie als kontinuierliche Übergänge, die nicht wesentlich Neues bringen, sondern blosse Komplexion von schon Vorhandenem auf Grund des ‹Zufalls› sind, auszugeben. Damit sollte das Problem der Finalität mit der unabwendbaren Notwendigkeit, sie aus einer anderen Seinsschicht als der physikalisch-chemischen Gesetzlichkeit zu erklären, endgültig eliminiert werden (wofür Du Bois-Reymond Darwin in seiner Rede lobt). Darwin hat nicht bloss die Abstammungslehre selbst vertreten und Belege dafür eingebracht, sondern er hat – weit darüber hinausgehend – eine ursächliche Erklärung für die Höherentwicklung der Arten im Anschluss an Züchtungsergebnisse bieten wollen. Die auf seinen Gedanken aufbauende Hypothese des Darwinismus hat zum Grundgedanken, dass das, was uns als zweckmässige Einrichtung erscheint, sich zusammensetzt aus kleinsten Elementen, die den Charakter der Zweckmässigkeit nicht mehr in sich tragen ... Diese Theorie auf mathematischen Boden gestellt, mit Hilfe der Differentialrechnung auf biologisches Geschehen übertragen, schien jede zweckmässige Einrichtung aus einer Unzahl fluktuierender Elemente hervorgehen zu lassen. Jedoch trifft der Hinweis auf die Differentialrechnung nicht, weil sie die Eigenschaften der ausgedehnten Grösse durch Ableitung aus dem ‹Unendlichkleinen› keineswegs aufhebt, sondern die Eigenschaften noch im beliebig kleinen Teil vorhanden sein lässt (in welchem das Geniale der Differentialrechnung besteht), während die darwinistische Zuchtwahllehre durch Rückführung der Zweckmässigkeit auf minimale Schritte diese selbst aufheben und verschwinden lassen will.»[6] Die ganze Biologie zeigt jedoch, dass die Lebewesen sich auch in den kleinsten Bereichen zielursächlich verhalten; es gibt keine Differentiale des Lebens, die sich durch mathematische Integration zu Ganzheiten summieren lassen. Es gibt im Bereich des Lebendigen nur Ganzheiten. «Damit ist der Darwinismus gerichtet», so Siegmund, «denn die Richtungslosigkeit der fluktuierenden Variation gehört so wesentlich zu ihm, dass er mit ihr steht und fällt.»

Die moderne Astronomie mit ihren unvorstellbaren Weiten von Raum und Zeit, Leeren über Leeren von der Begrenzung der Lichtgeschwindigkeit gekrümmt, in welche eine Explosion unzählige Myriaden von Gestirnen zerstreut hat, ist das unbegrenzte Spielfeld für die Hasardeure der modernen Naturwissenschaft. Da ist die Erde nicht mehr als ein Splitter dieser Explosion und dazu noch einer der kleinsten – der Zufall eines Zufalls. Was soll dann der Mensch sein, der verschwindend klein ist gegen diesen winzigen Erdsplitter? Wenn man die Materie als Ursache aller Wirklichkeit betrachtet, bleibt der menschlichen Existenz in der Tat nur diese Trostlosigkeit und Verlorenheit. In einem merkwürdigen Masochismus gefangen, wollen viele Menschen das: Die Bücher, die solches verkünden, sind Bestseller. Den Grund dieses Masochismus kennen wir: Lieber in der Qual der Selbstverleugnung Lust empfinden, als Gott Rechenschaft schuldig zu sein. Die Wirklichkeit ist jedoch anders: Auch im Materialismus ist nicht die Materie das Erste, der Primat (wie die Materialisten glauben), sondern das Wissen um die Materie und noch vorher das Wissen um denjenigen, der weiss, dass er weiss, das Wissen um das Ich-bin-

Ich. Nicht die Materie ist der Primat, sondern der Materialist, der mit seinem Geist etwas Geistiges schafft: den Materialismus. Bei der Einsicht dieser Tatsache verschwindet die Finsternis des materialistischen Weltalls als Phantom eines nicht zu Ende gedachten Denkens, und mit lichterfüllter Schönheit strahlt die Landschaft der geistigen Welt durch Raum und Zeit. Die Geschwindigkeit des physikalischen Lichtes ist keine Grenze mehr, die von unserem Sein nicht überschritten werden kann. Der Geist bedarf keiner Zeit, um mit seiner Seele die ganze Welt zu durchlieben; eine Zeitlosigkeit, in der das Jenseits das Diesseits berührt.

Die Welt ist im Menschen enthalten, weil ihr Schöpfer durch Christus im Menschen wohnt. Aus der Sicht der geistigen Weltwirklichkeit, ihres Primats: «Im Anfang war das Wort» (Joh 1,1), ist die Erde kein «zufälliges kosmisches Sandkorn». Vielmehr ist sie der geometrische Ort des geistigen Mittelpunkts der Diesseitigkeit auf dem Weg zum Jenseits aller Geometrie, welcher die Geometrie nicht aus-, sondern einschliesst. Raum und Zeit enthalten nicht die Welt, sondern die Welt – die geistige Wirklichkeit unserer Daseinstatsächlichkeit – enthält Raum und Zeit. Das Geschehen spielt sich nicht in Raum und Zeit ab, sondern Raum und Zeit *werden* durch das Geschehen der Schöpfung. Das Gefäss des Geschehens ist die Raum- und Zeitlosigkeit – die Ewigkeit. Die Mathematik kann ein Mittel zur Darstellung von Raum und Zeit sein, als eine rein geistige Dimension steht sie aber jenseits davon. Schon eine einfache mathematische Funktion wie etwa $y = 1/x$ veranschaulicht, wie eine bestimmte Stelle des Raumes von der Unendlichkeit vereinnahmt wird: Wenn wir uns auf der x-Achse der Nullstelle nähern, so steigt der Wert auf der y-Achse über alle Grenzen, bis er im Punkt Null ins Unendliche entschwindet, um dann beim Überschreiten dieses ausgezeichneten Ortes von der entgegengesetzten Seite her aus dem Unendlichen wieder zurückzukehren. Nicht grundlos haben die Mathematiker dieser Kurve den Namen Hyperbel gegeben, der sich vom Griechischen hyper-bole herleitet, das man mit darüberhinausgeworfen übersetzen kann. Die mathematische Situation, wo der Koordinatenschnittpunkt einen ausgezeichneten Ort im Funktionsfeld darstellt, könnte als eine Veranschaulichung der Situation der Erde im Universum herangezogen werden.

Von den Materialisten wird das biblische Weltbild mit dem Begriff anthropozentrisch abgetan beziehungsweise einer Anschauung bezichtigt, welche alles durch die Vorstellung des Menschen sieht. Zur Befreiung aus der Enge solcher Subjektivität wird die Grosszügigkeit der Objektivität der materialistischen Naturwissenschaft angeboten. Beim biblischen Weltbild würde sich der Mensch mit einem vom Menschen gemachten Gott ins Zentrum der Welt drängen, wogegen die Wissenschaft den Menschen von Gott befreie und ihm die Anonymität eines vom Zufall beherrschten Universums zur Verfügung stelle. Dabei vergessen diese «Wissenschaftler», dass auch beim materialistischen Weltbild sich der Mensch mit einem «Gott», der tatsächlich von ihm gemacht ist, ins Zentrum drängt: mit dem Materialismus. Diese Ideologie existiert nicht objektiv in der Natur, sondern subjektiv in den Materialisten. Also wiederum ein anthropozentrisches Weltbild, das allerdings vorgibt, objektiv zu sein. Die biblischen Wahrheiten sind insofern anthropozentrisch, als es sich um Wahrheiten handelt, die von Gott den Menschen geoffenbart wurden. Jedoch ist die Objektivität der Materialisten absolut anthropozentrisch, weil diese ausschliesslich von den Menschen stammt; die Ideologie des naturwissenschaftlichen Materialismus ist nichts Natürliches, sondern etwas voll und ganz Menschliches.

In der Natur gibt es keine Teleskope und keine Mikroskope. Die Laboratorien sind Produkte des menschlichen Denkens, sie sind keine Fenster in eine objektive Welt, wie sie die Materialisten durch die Instrumente zu sehen glauben. Auch das raffinierteste Messinstrument ist ein Spiegel, in welchem der Mensch sich selbst begegnet. Je raffinierter das Instrument, um so verzerrter sieht er sich – aber er sieht sich immer selbst. Das verzerrteste Bild seiner selbst ist jenes, das er für die objektive Welt des Materialismus hält. Fernrohr und Mikroskop haben den Blick des Menschen in dem Mass verlängert und vergrössert, wie sie ihn verengt haben. Die Instrumente erweitern nicht das Schauen, sie verschärfen das Sehen. Eine Schärfe, welche die Ganzheiten der Welt – die Lebewesen – zerschneidet. Die schärfsten Instrumente erzeugen die kleinsten Teile – die Atome. Je raffinierter das Messinstrument und je grösser die Entfernung von Gott, um so subjektiver beziehungsweise anthropozentrischer wird das Weltbild.

Das subjektivste Weltbild der Geistesgeschichte ist die objektive Welt des Materialismus. Die heutigen Naturwissenschaftler sehen sich gerne als faustische Naturen, im Hinblick auf Goethes Drama, wo Doktor Faust klagt:

> «Und sehe, dass wir nichts wissen können!
> Das will mir schier das Herz verbrennen.
> Zwar bin ich gescheiter als alle die Laffen,
> Doktoren, Magister, Schreiber und Pfaffen;
> Mich plagen keine Skrupel noch Zweifel,
> Fürchte mich weder vor Hölle noch Teufel – ...»

und die objektive Welt zu finden glaubt:

> «Drum hab ich mich der Magie ergeben,
> Ob mir durch Geistes Kraft und Mund
> Nicht manch Geheimnis würde kund,
> Dass ich nicht mehr mit sauerm Schweiss
> Zu sagen brauche, was ich nicht weiss,
> Dass ich erkenne, was die Welt
> Im Innersten zusammenhält.»

Im zweiten Teil des Dramas, wo Faust seiner Erlösung entgegenstrebt, hört er von Lynkeus, dem Türmer, das Lied von der Daseinstatsächlichkeit des Menschen, von der tatsächlich objektiven Welt:

> «Zum Sehen geboren,
> Zum Schauen bestellt,
> Dem Turme geschworen,
> Gefällt mir die Welt.
> Ich blick in die Ferne,
> Ich seh in der Näh
> Den Mond und die Sterne,
> Den Wald und das Reh,
> So seh ich in allen
> Die ewige Zier,
> Und wie mir's gefallen,
> Gefall ich auch mir.

Ihr glücklichen Augen,
Was je ihr gesehn,
Es sei, wie es wolle,
Es war doch so schön!»

Der Mensch ist mit der Welt, in der er lebt, untrennbar verbunden. Es gibt keine Möglichkeit der Trennung des Subjekts vom Objekt mit Hilfe von Instrumenten. Auch bei der zartesten Messung des Objekts – durch Anschauen – ist er durch das Licht der Welt mit der Welt verbunden. Diese unabdingbare Bindung wird in der Atomphysik deutlich: Wir können die Atome nicht messen, ohne sie tiefgreifend durch das Licht des Messinstruments zu verändern. Wir können die Atome nie so «sehen, wie sie sind». Werner Heisenberg hat diese Tatsache mit seiner Unbestimmtheitsrelation mathematisch formuliert. Es gelingt die Subjekt-Objekt-Trennung eben nur in Gedanken, dann aber ist diese gedachte Welt nicht objektiv, sondern eben subjektiv. Die objektive Welt der Materialisten ist subjektiv – ein Zirkelschluss wie alle Dogmen des Materialismus. Es gibt nur die Einheit – die Ganzheit – von Subjekt und Objekt, die Welt, in der wir leben (und nicht die Hässlichkeit, welche die Materialisten sich denken und die Technokraten in die Tat umsetzen). Die Bindekraft dieser Ganzheit ist die Schöpferkraft der Welt – die Liebe Gottes. Die Griechen nannten die Welt einen Kosmos, was mit Schönheit übersetzt werden kann.

Da mit ausschliesslich physikalisch-chemischen Gesetzen nur der Ablauf, jedoch nicht die Entstehung einer Maschine zu erklären ist, sieht sich der Materialismus gezwungen, die Entstehung der Lebewesen – die der Materialist als Mechanismen betrachtet – in einem Nebel einzuhüllen. Dieser Nebel besteht aus den Jahrmilliarden einer spekulativen Entwicklungsgeschichte und aus dem dilettantischen Umgang mit dem Begriff Zufall. Wenn man die verschiedenen Zufallstheorien untersucht, handelt es sich dabei nicht um den Zufall der mathematischen Statistik (wie die Vertreter der Selbstorganisations-Spekulationen meinen), sondern um den teleologisch-final verstandenen Zufallsbegriff. Das heisst, die Selbstorganisatoren bringen mit ihrem Zufall das in ihre Spekulationen hinein, was sie ausschliessen wollen: die Zielstrebigkeit des Lebendigen.[6] Einfach ausgedrückt: Die

Selbstorganisatoren denken sich, was zufällig werden soll; das heisst, sie denken eben teleologisch-final. Aus den angeblichen Jahrmilliarden der Kosmogenese besteht der Zauberschleier molekularbiologischer Spekulationen, welcher beim Wegziehen aus Chaos Logos werden lässt. Anschaulich gesagt: Wenn es nur gelingt, einen Idioten lange genug am Leben zu erhalten, so kann durch Zufall und physikalisch-chemische Reaktionen ein Genie entstehen. Dabei könnte allerdings nur ein Tüchtigkeitsgenie – also zum Beispiel ein Technokrat – entstehen, weil nach dem Darwinismus die Tüchtigen überleben.

Der Glaube an die Mechanisierung der Welt hat sich seit dem Positivismus des vergangenen Jahrhunderts nicht geändert, geändert hat sich nur die Mechanik. Aus der klassischen Mechanik wurde die Quanten- und Wellenmechanik. Wenn Hermann Helmholtz auf der Naturforscherversammlung 1869 in Innsbruck ein Programm zur Auflösung der Natur in Mechanik vorlegte, so meinte er die klassische Mechanik der Dampfmaschinenzeit.[6] Wenn Molekularbiologen mehr als hundert Jahre später, 1971, schreiben, «die Molekularbiologie hat dem Jahrhunderte aufrechterhaltenen Schöpfungsmystizismus ein Ende gesetzt»[7], so meinen sie die Mechanisierung der Materie mit Quanten- und Wellenmechanik, wodurch – wie sie glauben – eine Selbstorganisation der Materie zu Lebewesen möglich sei. Wenn man die Maschinen kleiner und kleiner macht bis hin zu den Atomen und Molekülen, so ändert sich damit nichts an der Tatsache, dass – wenn man von Zirkelschlüssen absieht – mit irgendeiner Mechanik wohl der Ablauf einer Maschine, nicht aber deren Entstehung geklärt werden kann. Grundlegender gesagt: Mit Mechanik lässt sich nicht verstehen, warum es Mechanik gibt. Der Versuch, das Leben mit Quanten- und Wellenmechanik zu erklären, führt in die Zenon-Sackgasse, die in ihrem Innern endlos ist. Ihr Ende kann nur von aussen her, das heisst durch ein Denken *über* Physik und Chemie, gesehen werden. Die Tücke der Zenon-Sackgasse besteht darin, dass die Schritte immer kleiner und kleiner werden, bei einem Aufwand, der mit jedem dieser Schritte grösser und grösser wird. Einen positiven Aspekt hat diese Endlosigkeit: Sie sichert den Broterwerb der Wissenschaftler «für alle Zeiten». Die wissenschaftsgläubigen Philosophen, also die Vertreter der verschiedenen materialistischen Ideologien, und neuerdings auch eine wachsende Zahl von Theologen, die mehr an die Wissenschaft als an Gott glauben, befinden sich in derselben Sackgasse. Sie bauen – ob es ihnen bewusst ist oder nicht – auf den naturwissenschaftlichen Materialismus.

Angesichts wissenschaftsgläubiger Theologen verhalten sich viele Naturwissenschaftler kaum anders als gegenüber den bigotten Theologen. Dies wohl daher, weil – so scheint es – die beiden Sorten sich in etwas Entscheidendem gleichen: Beide sprechen von Gott in einer Weise, als ob sie wüssten, dass sie ihm nie begegnen werden. Wonach viele Naturwissenschaftler sich sehnen, sind Theologen, die Gott in der Vertiefung des Gebets begegnen. Nach Priestern sehnen sie sich! Gegenüber den Kopftheologen falten die religiösen Naturwissenschaftler – wie Adolf Portmann – die «Hände der Gottesanbeterin». Zu diesem aktuellen Problem äussert sich Hugo Staudinger treffend in seinen Betrachtungen über «Die Frankfurter Schule – Menetekel der Gegenwart und Herausforderung an die christliche Theologie»[8]: «Die durch die Aufnahme in den Kanon grundgelegte besondere Dignität des Buches Genesis begründet zugleich die Überzeugung, dass in den dort niedergelegten Erzählungen von den Anfängen eine tiefere Wahrheit über Gott, Welt und Menschen offenbar wird als in anderen unter formalen Kategorien vergleichbaren Schöpfungs- und Urgeschichtsberichten, aber auch eine tiefere Wahrheit als in allen wissenschaftlichen Hypothesen zur Kosmogonie und Urgeschichte. Es gehört zur Redlichkeit der Theologie, diesen Wahrheitsanspruch festzuhalten und zu verteidigen und sich dabei auf die Chance und das Risiko des Gespräches mit den Vertretern profaner Wissenschaftsdisziplinen einzulassen. Die Verteidigung der biblischen Berichte und ihrer Dignität im Hinblick auf die Frage der Wahrheit bedeutet jedoch keine Leugnung der menschlichen Komponente in den uns vorliegenden Texten der Offenbarung. Eine solche Leugnung ist um so unangemessener, da die Offenbarungstexte selbst diese Komponente unbefangen offenlegen. Das gilt sowohl für das Neue Testament mit seiner Vierzahl der Evangelien wie auch für das Alte Testament mit seinem in zwei Fassungen vorliegenden Schöpfungsbericht. Wer die menschliche Komponente in den Offenbarungsschriften bestreitet oder völlig herunterspielt, begibt sich nach dieser Lage der Dinge in einen unaufhebbaren Widerspruch zu diesen Schriften selbst.» Oder an anderer Stelle zur Entmythologisierungstheologie eines Rudolf Bultmann: «Im Gegensatz zu David Friedrich Strauss trennte sich jedoch Rudolf Bultmann trotz der Verwerfung der biblischen Berichte von der Auferstehung Jesu nicht von seiner Kirche, sondern begründete eine neue ‹fortschrittliche› theologische Position, die in einer den biblischen Texten selbst völlig fremden Weise die Wahrheit des Glaubens gegen die historische Realität ausspielt und die historische Realität schliesslich als überflüssig oder gar als hinderlich für den Glauben betrachtet. Mit bemerkenswerter Eindeutigkeit behauptet Bultmann: ‹Es wäre nämlich eine Verirrung, wollte man hier zurückfragen nach dem historischen Ursprung der Verkündigung, als ob dieser ihr Recht erweisen könnte. Das würde bedeuten: den Glauben an Gottes Wort durch historische Untersuchungen begründen zu wollen ... Der christliche Osterglaube ist an der historischen Frage nicht interessiert.› Mit einer solchen Auffassung steht Bultmann keineswegs allein.

Ein Theologe wie Gerhard Ebeling erklärt, dass ‹die Reinheit des Glaubens› durch jede historische ‹Sicherung› der Auferstehung nur beeinträchtigt werde, und versteigt sich zu der Behauptung, ‹dass die Erscheinungen (des Auferstandenen) für diejenigen, denen sie widerfuhren, insofern eine Glaubenserschwerung waren, als dadurch gerade verdunkelt werden konnte, was Glauben heisst›. In der Konsequenz dieses theologischen Ansatzes stellt er schliesslich fest, dass man, falls das Grab tatsächlich leer gewesen sei, glauben müsse ‹trotz des leeren Grabes, ohne sich von dieser rätselhaften und vieldeutigen Tatsache anfechten zu lassen›. Wie schon betont wurde, kann hier nicht der Ort sein, diese Positionen theologisch zu würdigen, beziehungsweise sich mit ihnen theologisch auseinanderzusetzen. Es geht hier vielmehr nur um die Frage des Gesprächs mit der allgemeinen Vernunft. Dazu allerdings hat Hans Freiherr von Campenhausen mit vollem Recht den Verdacht geäussert: ‹Das Bündnis, das ein vermeintlich besonders radikaler Glaube auf diese Weise mit dem historischen Skeptizismus schliesst, dient in Wirklichkeit nur dazu, ihn der eigentlichen Anfechtung durch die Geschichte und die geschichtliche Vernunft überhaupt zu entziehen.› Dieser Verdacht trifft sich genau mit den Vorwürfen, die Max Horkheimer und Theodor W. Adorno der modernen Theologie machen, dass sie sich nämlich dem Gespräch mit der kritischen Vernunft entzieht, indem sie eine zwar vermeintlich unanfechtbare, tatsächlich jedoch unbegründbare und willkürliche Position bezieht.» Die Vertreter der Frankfurter Schule sehen auch die Unzulänglichkeit des Marxismus. Leider dringen sie mit ihrer Kritik nicht bis zu den Wurzeln des Irrtums vor: zu den Zirkelschlüssen des Materialismus. Als Marxisten – wobei sie sich als dialektisch modifizierte Marxisten verstanden wissen wollen – bekämpfen sie die Folgen des Marxismus mit Marxismus, also den Materialismus mit Materialismus, die Gottlosigkeit mit Gottlosigkeit. Die Frankfurter Schule, welche die Technokraten bekämpft, verwendet dieselbe Methode wie die Technokraten, welche die Folgen ihrer Technik mit ihrer Technik bekämpfen wollen. Beider Zirkelschlüsse sind homolog, weil sie auf demselben Boden drehen: auf dem naturwissenschaftlichen Materialismus.

Überall in der Schöpfung sehen wir ein Werden, ein Sein und ein Vergehen. Die anschauende Urteilskraft lässt uns die verschiedenen Werden vergleichen und an die Möglichkeit eines naturgeschichtlichen Werdens denken, eines Werdens des gegenwärtigen Werdens, des Wachsens der Lebewesen aus Samen und Keimen. Es entsteht der Gedanke von einer Evolution der Schöpfung. Mit der Beweisführung der modernen Naturwissenschaft, die auf Physik und Chemie beruht, lässt sich die Frage nach einer Evolution nicht beantworten, weil das Erkenntniswerkzeug dieser Wissenschaft, die systematisch-reproduzierbare Messung nicht anwendbar ist. Allerdings etwas ist gewiss: Die darwinistische Betrachtungsweise, wo Mutation und Selektion (zufällige Änderung der Erbsubstanz und Überleben des Tüchtigsten) die «beiden grossen Konstrukteure des Artenwandels» sein sollen, ist zu primitiv. Der darwinistische Mechanismus ist so primitiv, dass Millionen ihn begreifen können (deshalb die Bestseller auf diesem Gebiet). Die einzige Gewissheit des Darwinismus ist seine wissenschaftliche Unbeweisbarkeit. Es handelt sich um einen Glauben: Um den Glauben, nicht an Gott zu glauben.

Die Biologen, die es mit der Wissenschaftlichkeit ihrer Aussagen ernst nehmen, äussern sich zur Evolution nicht ablehnend, aber zurückhaltend. So Heini Hediger: «Mit diesen kritischen Bemerkungen zum Thema Evolution möchte ich mich keineswegs als Gegner der Evolutions-Auffassung vorstellen – im Gegenteil. Nach meiner Überzeugung hat es eine Evolution gegeben, jedenfalls innerhalb gewisser Grenzen. Was ich ablehne und bekämpfe, das ist die Arroganz, mit der über das Evolutionsgeschehen gesprochen und geschrieben wird, so als ob es sich stets um gesicherte Tatsachen handle. Ich kann also Konrad Lorenz keineswegs beipflichten, wenn er behauptet, dass die Evolutionslehre keine Theorie, sondern echte Geschichte ist, die unvergleichlich viel besser gesichert ist als alle durch Kulturgüter und durch das geschriebene Wort überlieferte menschliche Historie. Und noch etwas lehne ich entschieden ab, nämlich die oft bodenlose Vereinfachung, die extreme Simplifikation des Entwicklungsgeschehens. Ich bin also, um es nochmals klar zu machen, ausdrücklich nicht der Meinung, wie sie A. E. Wilder-Smith 1978 schon im Titel seines Buches zum Ausdruck bringt: ‹Naturwissenschaften kennen keine Evolution›. – Aber ich möchte hervorheben, wie ich es bereits getan habe, dass die Naturwissenschaften die Evolution erst einigermassen in sehr bescheidenen Bruchstücken kennen.»[9]

Der Materialist starrt gebannt auf die Materie, die er mit seinen Sinnen wahrnimmt, mit seinen Händen anfasst – begreift um zu begreifen, und vergisst in der Erstarrung der Faszination des Machenkönnens dasjenige, das starrt und macht – seinen Geist. Er begreift durch Begreifen und stellt mit seinen Händen Instrumente her, um das Begreifen zu verfeinern. Er verfeinert und verlängert die Instrumente so lange, bis die Distanz zwischen ihm und dem Begriffenen – der Materie – so gross geworden ist, bis er das sinnliche Begreifen seiner verfeinerten und verlängerten Instrumenten-Hände als etwas Geistiges ansieht und dabei den Geist für ein Produkt der Materie hält. Wie wir gesehen haben, bedarf der Geist der raum-zeitlichen Dimension nicht; aber er kann sich darin inkarnieren – im diesseitigen Menschen. Beim Tod verlassen wir Raum und Zeit, die Materie der jetzigen Erde. Wir gehen hin zur Schönheit Gottes, die schon war vor Raum und Zeit und die jetzt ist und die immer ist. Das Jenseits ist das Gefäss und die Ewigkeit die Quelle von Raum und Zeit. Eine der unvorstellbaren Seligkeiten und Schönheiten des Himmels wird das unverhüllte Schauen von Gottes Weisheit sein, welche er im Diesseits in seinen Geschöpfen verhüllt. Die Geschöpfe sind die feingewobenen Schleier der Weisheit Gottes, hinter welchen nur die Liebe zu Gott und zu seinen Geschöpfen die Wirklichkeit ahnen lässt. Die verklärte Materie der Neuen Erde – welche die wissenschaftsgläubigen Theologen für einen Mythos halten, weil sie an den Mythos des Materialismus glauben – wird eine über Raum und Zeit ins Jenseits erhobene Schöpfung sein. Da werden die Schleier der diesseitigen Schöpfung gelüftet sein, und die verklärten Sinne vermögen Gott zu schauen. Da werden die Herzschläge wissen, was Zeit ist, weil das Herz – mit der Möglichkeit in die Zeit zu blicken – ausserhalb der Zeit schlägt.

Wenn man die Schöpfung mit einer «ewigen, dialektisch zwischen Masse und Energie sich wandelnden Materie» erklären will, bleibt nur der Zufall als Antwort auf die Frage, was die Ursache des Gestalten-, Farben-, Klang-, Geruch- und Geschmackreichtums der Schöpfung sei. Die Diskrepanz zwischen der geistigen Armut dieser Welterklärung und der hohen Intelligenz, die zu deren Hervorbringung aufgewendet wird, ist nur zu verstehen, wenn man weiss, dass intellektuelle Eitelkeit die treibende Kraft des Willens zur Ausschliessung Gottes ist. Es gibt nichts Blinderes als diese Eitelkeit, welche auch das Absurdeste zur Welterklärung zulässt, wenn nur Gott ausgeschlossen werden kann. Im Materialismus gilt eine Kosmogenese als um so intelligenter, je gottloser sie ist. Die penetranteste Arroganz ist die Dummheit einer hohen Intelligenz. Der Unterschied zwischen Intelligenz und Weisheit wird in der materialistischen Naturwissenschaft ganz besonders deutlich. Wie viele Heilige zeigen, schliesst Intelligenz Weisheit nicht aus, aber Intelligenz ist für die Weisheit weder notwendig noch hinreichend. Eine Tatsache, die Christus in Matthäus 11,25 deutlich zum Ausdruck bringt. Der Mut zum Hochmut ist zu klein, um das zu fassen, es bedarf des Mutes zur Demut, um das Unfassbare zu ahnen:

> Gott, über dem nichts
> Ausser dem nichts
> Ohne den nichts ist.
> Gott, unter dem alles ist,
> In dem alles ist
> Bei dem alles ist.

Gott, zu dem wir beten dürfen:

> Vater, hilf uns,
> Immer Deinen Willen
> Zu leben,
> So dass wir wissen,
> Dass alles,
> Was uns geschieht,
> Dein Wille ist.

Sowohl die Erdenflucht im Buddhismus und Hinduismus als auch die Vergötzung der Materie im Materialismus lehnen einen Schöpfer der Welt ab. Die fernöstliche Mystik betrachtet die Welt für eine Täuschung oder zumindest als etwas, das vergeht und keinen eigenen Bestand hat ausserhalb des Menschen. Die Welt kann ein Spiel Brahmas sein oder ein Nichts, das nur der Mensch für Wirklichkeit hält, weil er sich an diese trugvolle Maja bindet. Eine Welt, die gar nicht wirklich existiert, fordert auch keinen Schöpfer. Im Materialismus ist nicht die Welt, sondern der Schöpfer ein Nichts. Allerdings bekleiden die Materialisten ihr Nichts mit einem «gewürfelten» Rock: mit dem Zufall (dies im Gegensatz zum nackten Nichts des Existentialisten Jean Paul Sartre). Wird die Materie vom Schöpfer losgelöst und zum Nichts des Ostens oder zum Alles des Westens erklärt, so kann der Mensch mit ihr machen, was er will. Wissenschaftlich – wie im Westen – kann er sie ausbeuten, mystisch – wie im Osten – kann er sie zur grossen Täuschung erklären.[10] Wenn im Materialismus die Materie als Produzent des Geistes vergötzt und im Asiatismus als Maja verworfen wird, so ist die Materie im Christentum ein Liebesgeschenk des Geistes, welches durch die Erlösungstat Christi dem verklärten Leib und der verklärten, der Neuen Erde – dem Leib und der Stadt des Auferstandenen – entgegenstrebt (Alma von Stockhausen). Als die Religion der unbedingten Liebe und somit als die schwerste aller Religionen – die Religion der Welttatsächlichkeit – stellt das Christentum das Diesseits ebenso an seinen Ort wie das Jenseits: Christi Reich ist *in* dieser Welt, aber nicht von dieser Welt. Ein irischer Priester sagte das mit Worten, die er auf seinen Grabstein schreiben liess: Es gibt auch ein Leben vor dem Tod.

Seit mehr als einem Jahrzehnt ist – vor allem bei der Jugend – die Tendenz einer Abwendung vom Materialismus und einer Hinwendung zu religiösen Werten zu erkennen. Die Materialisten nennen das eine Welle von Irrationalismus, welcher ihre Wissenschaft bedroht. Aus Mangel an religiöser Erziehung zerfällt diese Religiosität leider allzuoft in die sich vermehrenden Jugendsekten mit ihren Gurus. Diese «religiöse Welle» wahrnehmend, propagieren die Selbstorganisatoren der Bestsellerklasse nicht mehr «Im Anfang war der Wasserstoff», sondern: «Wir sind nicht nur von dieser Welt» ihre von fernöstlicher Religiosität geprägten Synkretismen aus Materialismus und Idealismus, welchen sogar wissenschaftsgläubige Theologen auf den Leim gehen. Die fernöstlichen Religionen eignen sich für diesen Wissenschaftsjournalismus deshalb gut, weil sie keinen Schöpfer fordern. Mit diesen religiös kolorierten Büchern kommen die Welterklärer bei ihrem Publikum an, weil das Peinliche vermieden werden kann: die Verantwortung gegenüber einem persönlichen Gott und seinem Gericht. Wie die Orientierungslosigkeit der Wissenschaftsgläubigen unter den Theologen zeigt, sind diese religiös verbrämten Welterklärungen viel gefährlicher als der harte Materialismus, dessen Lüge wenigstens «ehrlich» ist. In diesen Neo-Bestsellern ordnet eine Irgendwie-Geistsphäre irgendwie die Moleküle zu Lebewesen und durchgeistigt sie irgendwic. Wer glaubt, dies sei eine zynische Übertreibung, streiche in einem dieser Bücher das Zauberwort «irgendwie» an und zähle die Striche zusammen. Die Welt darf irgendwie entstanden sein, nur nicht durch einen persönlichen Schöpfer, dem man Rechenschaft für sein Leben schuldig sein könnte. So etwas eignet sich nicht als Bestseller. Wenn ein Wissenschaftler die Lebensformen dazu verwendet, um mit Hilfe des Darwinismus Gott zu leugnen, so gilt das heutzutage als wissenschaftlich; wenn er jedoch mit den Wundern der Schöpfung und mit Hilfe der Naturwissenschaft für Gott ein Zeugnis ablegen will, so verlässt er angeblich den Boden der Wissenschaft. Was ist das für eine Wissenschaft, was ist das für ein Boden? Das ist die materialistische Naturwissenschaft und ihr Boden, der Sand der Ideologien. Wenn sich der Sand auch nicht eignet als Fundament, so kann man ihn den Menschen immerhin in die Augen streuen.

Die Zirkelschlüsse des Materialismus, die im berauschenden Tanz der technischen Erfolge sich drehend in die Sackgasse des Zufalls geführt haben, lassen sich auf den folgenden Nenner schreiben: Die Tätigkeit, welche die Naturwissenschaft auf Messen und Berechnen reduziert hat – die Sünde des Galilei – lässt die Denker unter den Naturwissenschaftlern über den Umweg von Atomen erkennen, dass zwischen Mineralien, Pflanzen, Tieren und Menschen Unterschiede bestehen, die mit der Wissenschaft von den Atomen nicht zu erfassen sind. Sie stellen fest, dass mit dieser Wissenschaft am allerwenigsten das Wesen zu erfassen ist, das zu einer solchen Wissenschaft die Fähigkeit besitzt – der Mensch. Also eine Erkenntnis, die seit altersher jedem Menschen zugänglich war und – trotz der modernen Naturwissenschaft – auch heute noch zugänglich ist. Hören wir dazu die Philosophin Hedwig Conrad-Martius: «Wenn man allerdings von Wesenseinsichten herkommt, die ausserdem in häufigen Fällen zu dem ältesten und besten philosophischen Traditionsgut gehören, so kann man sich oft des Eindrucks nicht erwehren, dass es zur Wiederanerkennung von vornherein selbstverständlichen Wahrheiten (wie z.B. der einer gestaltlichen und seinshaften, seelischen nicht nur, sondern auch rein körperlichen Sonderstellung des Menschen innerhalb der Natur) nicht erst eines so mühevollen experimentellen Arbeitslabyrinthes bedürfte.» Das erinnert an Blaise Pascal: «Versuche nicht zu beweisen, wenn das zu Beweisende offensichtlicher ist als der Beweis.» Und weiter Hedwig Conrad-Martius: «Aber erstens ist es ein höchst anziehender Vorgang, der als solcher die tiefste, unaufhebbare Einheitlichkeit und Einhelligkeit aller Wahrheit, weil des Seins selbst, ans hellste Licht stellt, dass die Naturwissenschaft in unseren Tagen auf ihre Weise in reiner Tatsachenforschung dasjenige entdeckt und erhärtet, was philosophisch-apriorische Wesenseinheit vorausentworfen hat. Zweitens geht die tatsächliche Natur bei der Einzelverwirklichung immer neue und überraschende Wege, die das Geheimnis des Schöpfers sind und als solche niemals a priori, sondern immer nur wieder in wahrer Erfahrungswissenschaft zu Tage gefördert werden können. Wer möchte, wenn anders er Sinn hat für das Wunder der reinen Tatsächlichkeit, für das ‹Fiat›: Gott sprach, es werde, und es ward – wer möchte die immer reicher werdende Fülle streng erhärteter Tatsächlichkeitszüge entbehren; drittens aber müssen wir wohl anerkennen, dass jener naturwissenschaftlich-theoretische Abstieg in unterste banalste Niederungen rein mechanistisch-materieller Anschauungsweise ein für die allgemein menschliche Erkenntnisschwäche und -unzulänglichkeit historisch notwendiger Weg oder Umweg war. Denn ohne dass alles einmal abgebaut wurde, was spekulativer und romantischer Höhenflug, der die Schöpfung von vornherein in der Rocktasche reiner Vernunft oder Intuition zu haben glaubte, an gewiss zum Teil wahrsten Allgemeinerkenntnissen aufstellte, wäre niemals ein empirisch solid unterbautes Gebäude der Seinserkenntnis zustande gekommen. Selbst wenn wir zurückschauen etwa auf die Lehre des hl. Thomas, die seinstheoretisch *und* metaphysisch gesehen in wirklichste Wirklichkeit eingebaut ist und daher jenen wundervollen Charakter sachlicher Gesundheit an sich trägt, oder auf die beiden Urphilosophen Plato und Aristoteles, so ist es doch sehr schwierig, wenn nicht fast unmöglich, von hier aus eine ganz direkte Linie zu finden zu der auf die Dauer andererseits unentbehrlichen empirischen Naturerkenntnis, wie sie in jener geisteswissenschaftlich rohen und banalen Zeit eben doch grundgelegt wurde. Es hat offenbar doch jener gegen alle höhere Seinserkenntnis völlig abgedichteter Taucherhelme bedurft, um mit Atomen, Elektronen und Radiumzerfall, mit Zellen, Protomeren und Konstellation von Chromosomen, Determinaten und Genen das material-elementare Innere und Innerste toter und lebendiger Substanz zu ergründen! Um dann freilich in unseren Tagen – zu aller Überraschung (eine ergreifende Tatsache) – in diesem letzten Stoffinnern, das durch roh mechanisches Kräftespiel Aufbau und Geschehen der ganzen Welt erklärbar, ja errechenbar machen sollte, um im Gefilde dieser letzten mikroskopischen und ultramikroskopischen Elemente den ganzen *Kosmos* und seine wunderbaren, nur in metaphysischer Begründung zu verstehenden Formungs-und Gestaltungskräfte *wiederzufinden,* vor denen man sich bei jenem mühevollen Tauchergeschäft absolut gesichert zu haben glaubt.»[11]

Die geistige Armut der Zufallshypothesen einer «Selbstorganisation der Materie» zeigt ein Vergleich mit der Betrachtung über die menschliche Gestalt (die ja bei den Materialisten auch zufällig ist) in Romano Guardinis Werk «Landschaft der Ewigkeit», wo der grosse

Theologe die Jenseitigkeit in Dantes «Göttlicher Komödie» mit irdischem Licht den Sinnen zugänglich macht: «Die Frage, wie die Schöpfung wirklichkeitsdicht und sinnvoll bleiben, ja es gerade dann und darin werden könne, wenn die allmächtige Wirklichkeit und heilige Gültigkeit Gottes ausbricht, wird an jene Stelle gerichtet, wo die Frage so schwer wird, dass der Mut vergehen müsste, sie auszusprechen, wenn nicht Gott selber forderte, dass sie ausgesprochen werde, nämlich: Kann in der unendlichen Notwendigkeit und allmächtigen Wirklichkeit Gottes die holde Zufälligkeit des Menschenangesichts sein? In der Absolutheit des ‹Kreises› die unbegreifliche Tatsächlichkeit der menschlichen Gestalt? Und nicht nur sein, sondern sinnvoll, vor Gott sinnvoll, seinem absoluten Anspruch genügend, und dadurch erst den Anspruch des Menschen auf Sinn gewährleistend? Denn dem Menschen ist ja doch von Gott zugewiesen, dass er wohl demütig sein solle, was eine Tugend Gottes selber ist, nämlich jene, die Er im Niederstieg der Menschwerdung grundgelegt hat, nicht aber, dass er bescheiden sei. Vielmehr ist ihm gesetzt, im Letzten und Eigentlichen alles verlangen zu müssen, weil er mit weniger nicht bestehen kann, denn er ist Gottes Ebenbild, und bestimmt, teilhaftig zu sein der göttlichen Natur.»[12]

1 Horst E. Richter: «Der Gotteskomplex. Die Geburt und die Krisis des Glaubens an die Allmacht des Menschen», Reinbek 1979.
2 Werner Heisenberg: «Zur Geschichte der physikalischen Naturerklärung», Stuttgart 1955.
3 Max Thürkauf: «Die moderne Naturwissenschaft und ihre soziale Heilslehre – der Marxismus», Schaffhausen (Schweiz) 1980.
4 Christian Friedrich Schönbein: Festschrift zur Einweihung des Naturhistorischen Museums in Basel, Basel 1849.
5 Wolfgang Kuhn: «Wie wirkt der Geist auf die Materie?» in «Theologisches» Nr. 155, Abensberg 1983.
6 Georg Siegmund: «Naturordnung als Quelle der Gotteserkenntnis», Stein am Rhein 1984.
7 Jacques Monod: «Zufall und Notwendigkeit», Vorwort von Manfred Eigen, München 1971.
8 Hugo Staudinger: «Die Frankfurter Schule», Würzburg 1982.
9 Heini Hediger: «Tiere verstehen», München 1980.
10 Paul Schütz: «Widerstand und Wagnis», 1982.
11 Hedwig Conrad-Martius: «Schriften zur Philosophie», 1. Bd., München 1963.
12 Romano Guardini: «Landschaft der Ewigkeit», München 1958.

Der wachsende Glaube der Wissenschaftler

In der Naturwissenschaft und in der Mathematik kennt man das Phänomen der Phasenverschiebung. Der Physiker versteht darunter die zeitliche oder raum-zeitliche Verschiebung von Eigenschaften, Zuständen oder Verhältnissen, welche den Verlauf eines physikalischen Prozesses charakterisieren. Zum Beispiel die Verschiebung zwischen der elektrischen Spannung und der elektrischen Stromstärke in den Elementen eines Schaltkreises. In diesem Fall kann die Phasenverschiebung zu einem Leistungsverlust im betreffenden Apparat, zum Beispiel in einem Motor führen. Dieses mechanische Geschehen lässt mich an eine Phasenverschiebung im Bereich des Geisteslebens denken, die ihre Ursache in der unziemlichen Anwendung der Mechanik, nämlich in der Umwandlung des Kosmos in einen Mechanismus zur Zeit des Galilei hat. Bis dahin wirkten Theologie und Wissenschaft vereint oder, wie der Physiker sagt, in Phase. Seit dem «Fall Galilei» trat eine Phasenverschiebung zwischen Theologie und Naturwissenschaft ein, welche einen Leistungsschwund zur Folge hatte und immer noch hat: das «Galilei-Trauma». Der Schwund äussert sich in einer zunehmenden Verarmung des Geisteslebens, und zwar sowohl in der Theologie als auch in der Naturwissenschaft. Dass beim «Fall Galilei» die Fehler – wie immer, wenn Menschen miteinander streiten – auf beiden Seiten, bei den Theologen und bei den Naturwissenschaftlern liegen, haben wir im Kapitel über das «Galilei-Trauma» gesehen. Die Fehler der Theologen bestehen in der unchristlichen Anwendung ihrer Theologie beim Galilei-Prozess und die Fehler der Naturwissenschaftler in ihren Grenzüberschreitungen beim Versuch, das Unmessbare messbar zu machen. Von den unheilvollen Folgen dieser Gewaltanwendung mag das Heilige Offizium – dies sei zu seiner Entlastung gesagt – etwas geahnt haben.

In der Physik kennt man Phasenverschiebungen, wo zuerst die eine Phase der anderen vorauseilt (z.B. die Spannung dem Strom), um dann schliesslich von der zurückgelassenen Phase eingeholt und in gewissen Fällen sogar überholt zu werden. Diesem physikalischen Prozess gleicht das Bild der Phasenverschiebung zwischen Theologie und Wissenschaft: Bis gegen Ende des 19. Jahrhunderts waren die Theologen gottesgläubig (jedenfalls viele) und die Wissenschaftler wissenschaftsgläubig (die meisten). In der zweiten Hälfte des 19. Jahrhunderts riefen tonangebende Naturwissenschaftler unter Berufung auf ihre Wissenschaft zu einem Kulturkampf auf, der ein echter Glaubenskampf wurde: Gottesglaube gegen Wissenschaftsglaube. Die Wissenschaftler verliessen damit – wie es nicht anders sein konnte – den Boden der Wissenschaft. Wissenschaft weiss man; glauben heisst, etwas für wahr halten, das man nicht wissen kann. In dieser Auseinandersetzung geschah die Einholung und Überholung der Phasen: Immer mehr Wissenschaftler wurden gottesgläubig und immer mehr Theologen wissenschaftsgläubig. Das Wachstum der Gottesgläubigkeit der Wissenschaftler verlief parallel mit der Vertiefung der Erkenntnisse im Bereich der Naturwissenschaft, welche den Positivismus, also die Messbarkeit aller Dinge, zunehmend in Frage stellte. Die meisten von den Begründern der modernen Physik waren tief religiös; so Max Planck, Albert Einstein, Niels Bohr, Walter Heitler, Max Born, Werner Heisenberg und viele mehr. Es ist daher für einen Naturwissenschaftler schwer zu begreifen, warum ausgerechnet in der Zeit, wo in ihrem Kreise die Religiosität gewachsen ist, viele Theologen wissenschaftsgläubig wurden. Noch unverständlicher ist die Tatsache, dass die Wissenschaftsgläubigkeit im Bereich der Theologie ihren Höhepunkt noch nicht erreicht hat, sondern auch heute noch wächst. Diese Haltung einer grossen Zahl von Theologen – nicht aller! – ist tragisch in einer Zeit, deren Zeitgeist sagt, es sei ein Zeichen von Unaufgeklärtheit und Ignoranz, an Gott zu glauben. Der Zeitgeist ist ein schlechter Berater; er ist der Vater der Günstlinge.

Es klingt wie eine Ironie des Schicksals, wie ein Verdikt für die Sünden der Vorgänger, wenn heute immer mehr Naturwissenschaftler, durch ihre Forschungen im Laboratorium vom Glauben an Gott erfüllt, mit Theologen über Gott sprechen möchten und ausgerechnet bei diesen auf den härtesten Rationalismus stossen. Statt priesterlicher Spiritualität begegnen sie wissenschaftsgläubiger Theologie. Die Kraft des Gebets wird von den aufgeklärten Theologen relativiert oder grosszügig als eine atavistische Autosuggestion geduldet. Lange müssen die gottsehnenden Naturwissenschaftler unter den vielen Köpfen nach dem Herzen ausschauen, das sie so sehr suchen. Strafe für die hochgehaltenen Köpfe ihrer Vorgänger? Es geht sogar so weit, dass die religiösen Naturwissenschaftler bei den wissenschaftsgläubigen Theologen unerwünscht sind, weil sie mit ihrem Glauben an Gott die moderne – besser modernistische – Theologie stören. Die Theologie «Credo ut intelligam – Ich glaube, damit ich denken kann» eines Anselm von Canterbury (1033–1109) oder «Intelligo ut credam – Ich denke, damit ich glaube» eines Petrus Abälard (1079–1142) gilt unter Bezugnahme auf die moderne Naturwissenschaft als längst veraltet. Dabei wird vergessen, dass nicht die Wahrheiten der Evangelien es sind, die veralten, sondern die systemimmanenten Richtigkeiten der modernen Wissenschaft. In dieser Veraltung besteht leider der Fortschritt des naturwissenschaftlichen Materialismus.

Die moderne beziehungsweise modernistische Theologie krankt an einem Mangel, der ihr Mark aushöhlt: Mangel an Gebet. Ohne Gebet keine Spiritualität und ohne Spiritualität keine sinnvolle Theologie. Ohne Gebet verarmt jede Sprache zu mechanistischer Information, weil das Gebet die Sprache der Sprachen ist – die Sprache des Himmels, das Gespräch mit Gott. Das Pfingstwunder offenbarte die Sprache des Himmels, in welcher alle Sprachen eingeschlossen sind, welche alle Sprachen versteht: «Als der Pfingsttag angebrochen war, waren alle an einem Ort beisammen. Da entstand plötzlich vom Himmel her ein Brausen, wie von einem daherfahrenden gewaltigen Wind, und erfüllte das ganze Haus, in dem sie sassen. Und es erschienen ihnen Zungen wie von Feuer, die sich zerteilten, und es liess sich auf jeden von ihnen nieder. Und alle wurden mit Heiligem Geist erfüllt und begannen mit anderen Zungen zu reden, wie der Geist ihnen zu sprechen verlieh. Es waren aber in Jerusalem fromme Männer wohnhaft aus jedem Volk unter dem Himmel. Als aber dieses Brausen entstand, kam die Menge zusammen und ward bestürzt; denn jeder hörte sie in seiner eigenen Sprache reden. Sie gerieten aber ausser sich und staunten und sagten: ‹Sind nicht alle diese, die da reden, Galiläer? Wie kommt es, dass wir sie hören, jeder in seiner eigenen Sprache, in der wir geboren sind? Wir Parther und Meder und Elamiter, wir Bewohner von Mesopotamien, von Judäa und Kappadozien, von Pontus und Asien, von Phrygien und Pamphylien, Ägypten und den Landstrichen Libyens gegen Cyrene hin, wir hier weilenden Römer, wir Juden und Proselyten, Kreter und Araber: wir hören sie in unseren Zungen die Grosstaten Gottes reden.› Sie gerieten aber alle ausser sich und waren ratlos, und einer sagte zum anderen: ‹Was soll das bedeuten?› Andere dagegen spotteten: ‹Sie sind voll süssen Weines›» (Apg 2,1–13). Wir sehen, die Materialisten hatten schon damals eine einfache Erklärung für das Unfassbare.

Ein Theologe, der zu wenig oder gar nicht betet, der nicht herzinnig betet, kann kein Priester sein. Was wir aber brauchen, dringend brauchen, sind Priester und Priester und Priester. Wir brauchen Frauen und Männer des Gebetes, Ordensleute, die in ihren Klöstern zu Quellen der Gnade werden, die Brunnen der Barmherzigkeit graben, aus welchen Liebe und wiederum Liebe in die Welt strömt. In einem Land, in welchem die Kinder nach Liebe hungern, hungern sie bald nach Brot. Hochmut und Eitelkeit gewinnen immer dann die Oberhand, wenn der Kopf klüger sein will als das Herz. Der Kopf soll der Diener des Herzens sein, und er kann es sein – das Umgekehrte ist nicht möglich. Die Nachfolge Christi ist eine Nachfolge in seiner Liebe. Mit dem Kopf ist eine Nachfolge Christi ausgeschlossen – Gottes Geist überragt den Menschengeist unermesslich. Die zahlreichen gnostischen Sekten versuchten und versuchen Christus mit dem Kopf nachzufolgen, was – wie wir gesehen haben – stets in den Hochmut und die Eitelkeit der Selbsterlösungslehren führt. Wir benötigen mit Not Herzenspriester; Kopftheologen haben wir mehr, als die Kirche ohne Schaden zu nehmen verkraften kann. Und der Schaden ist schon gross: Viel leerer können die Kirchen nicht mehr werden. Nur die «Theologia cordis – die Herzens-Theologie» eines Anselm von Canterbury oder eines Pfarrers von Ars wird diese Schiffe wieder bevölkern.

Die schleichend wirkenden Schadenfälle – der Böse kam als Schlange – kopflastiger Theologie sind Legion. Hier ein Beispiel: Es war am

26. Dezember 1982 in der Kirche einer kleinen Pfarrei der Innerschweiz, also am Tag des heiligen Stephan. Beim Festgottesdienst hielt ein Laientheologe die Predigt, der an einem bekannten Priesterseminar am Vierwaldstättersee studiert hatte. Die kleine Pfarrei, in der sich der Fall ereignete, ist ihrem Namen nach durch ein katholisches Lehrerseminar bekannt. Im Rückblick auf das Weihnachtsfest stellte der Laientheologe unter Bezugnahme auf die Heilige Familie Betrachtungen zu Experimenten moderner Formen des Zusammenlebens zwischen Mann, Frau und Kindern an mit Einschluss der Kommunen als eine mögliche Form der Grossfamilie. Im Verlauf dieser Predigt zitierte er Lk 2,15–19: «Und es begab sich, als die Engel von ihnen weg in den Himmel gegangen waren, sprachen die Hirten zueinander: ‹Lasst uns nach Betlehem gehen und schauen, was geschehen ist und was der Herr uns kundgetan hat.› Sie kamen eilends hin und fanden Maria und Joseph und das Kind, das in der Krippe lag. Als sie es aber sahen, berichteten sie von dem Wort, das ihnen über dieses Kind gesagt worden war. Und alle, die es hörten, wunderten sich über das, was ihnen von den Hirten erzählt wurde. Maria aber bewahrte all diese Worte und erwog sie in ihrem Herzen.» Die psychologisierende Kopflastigkeit des progressistischen Theologen kam in seiner Interpretation des letzten Satzes zum Ausdruck, indem er sagte: «Maria aber behielt diese Worte im Gedächtnis.» Die Änderung ist scheinbar gering; der Böse verführt mit kleinen, schleichenden Schritten. Hier handelt es sich um eine deutliche Fälschung des griechischen Urtextes von Lukas 2,19. Dort heisst es: «... en té kardía autés ... in ihrem Herzen». Der Ort des Gedächtnisses ist nach der Meinung der modernen Naturwissenschaft der Kopf, das Gehirn. Es handelt sich also um eine Fälschung zu Gunsten der Kopftheologie. In Hinsicht auf ihren Pastoralauftrag, also in ihrer Funktion als Hirten der Herde Christi, könnten die Professoren dieses Urschweizer Priesterseminars von den Hirten von Betlehem lernen: «Die Hirten kehrten zurück, priesen und lobten Gott für alles, was sie gehört und gesehen hatten, *so wie es ihnen gesagt worden war*» (Lk 2,20).

Noch ein Beispiel: An einer Seminarwoche für Seelsorger und Theologen, die unter dem Thema «Überwindung der ‹Aufklärung›?» durchgeführt worden ist, bin ich als Naturwissenschaftler zu einem

Referat eingeladen worden. Am letzten Tag wurde anlässlich einer Diskussion die Frage angeschnitten, ob Christus möglicherweise aus Mangel an Aufgeklärtheit der damaligen Menschen gekreuzigt worden sei. Die Frage wurde ausführlich besprochen und die Theologen wurden sich dahin einig, dass unzureichende Aufklärung und mangelnde Mündigkeit zur Kreuzigung Christi geführt haben. In diesem Kreis schien tatsächlich die Überzeugung zu herrschen, dass den Pharisäern und Sadduzäern die Aufgeklärtheit der heutigen Theologen gefehlt habe, so dass Christus gewissermassen aus mangelnder Intelligenz gekreuzigt worden ist. Nach einem gerüttelten Mass an Dialektik blieb diese Ansicht schliesslich im Raum stehen. Als man zu einem anderen Thema übergehen wollte, fragte ich, ob nicht in Betracht gezogen werden sollte, dass Christus aus Herzlosigkeit, aus Mangel an Liebe ans Kreuz geschlagen worden sei. Die Frage des Naturwissenschaftlers rief bei den Theologen ein peinliches Schweigen hervor. Schliesslich gab man zu, dass auch ein Mangel an Liebe mit zur Ursache der Kreuzigung Christi gehöre. Die Liebelosigkeit des Zugeständnisses machte mich betroffen, und die Aphorismen des Göttinger Physikers Georg Christoph Lichtenberg fielen mir ein. Ob jener von der Mündigkeit von ihm stammt? – Die Menschen sind eher maulig als mündig geworden. Oder: Wer etwas zu sagen hat, spricht wenig. Das erinnert an Paulus: «Deshalb soll der Zungenredner um die Gabe der Auslegung beten. Wenn ich nämlich in Zungenrede bete, so betet wohl mein Geist, aber mein Verstand ist ohne Frucht. Was folgt nun daraus? Ich will mit dem Geiste beten, will aber auch mit dem Verstande beten; ich will mit dem Geiste Psalmen singen, will aber auch mit dem Verstande Psalmen singen. Denn wenn du mit dem Geiste einen Segen sprichst, wie soll dann der, welcher die Rolle des Nichteingeweihten innehat, das Amen zu deinem Dankgebet sprechen? Er versteht ja gar nicht, was du sagst. Du magst zwar ein gutes Dankgebet sprechen, aber der andere wird nicht erbaut. Gott sei Dank, ich rede mehr in Zungen als ihr alle; aber in der Gemeindeversammlung will ich lieber fünf Worte mit meinem Verstande reden, um auch andere zu belehren, als zehntausend Worte in der Zungenrede» (1 Kor 14,13-19). Immer wieder sieht man die zwei schnellen Wege, um von Gott abzukommen: Naturwissenschaft ohne Gebet und Theologie ohne Gebet.

Es ist zu unterscheiden zwischen modernen und modernistischen Theologen. Die modernen Theologen leben in der Zeit und die modernistischen Theologen gehen mit der Zeit. Christus war zu seiner Erdenzeit modern, ebenso modern, wie er jetzt modern ist, weil er damals ebenso mit uns lebte, wie er jetzt mit uns lebt. Die Wahrheit ist zu jeder Zeit modern, weil sie nicht veraltet. Für die Theologen gilt dasselbe, was Friedrich Schiller in seinem zweiten Brief zur ästhetischen Erziehung geschrieben hat: «Der Künstler ist zwar Sohn seiner Zeit, aber schlimm für ihn, wenn er zugleich ihr Zögling oder gar ihr Günstling ist.» Für das Werk des Künstlers ist dieselbe Kraft entscheidend wie für das Werk der Theologen: die Liebesfähigkeit. Was nicht aus Liebe getan wird, hat keinen bleibenden Wert, und wenn es in der Zeit noch so erfolgreich ist. Die kleinste Liebestat wiegt vor Gott mehr als die grösste Zwecktat ohne Liebe. Die eigentlichen Feinde der Liebe sind der Hochmut und dessen Tochter, die Eitelkeit, weil sie um ihrer selbst willen über alles verfügen wollen. Kulturelle Werte sind nicht verfügbar, deshalb gibt es keine marxistische Kultur – höchstens eine sowjetische Zivilisation. Aber diese Tatsache ist nicht auf den dialektischen Materialismus beschränkt, sie gilt auch für den kapitalistischen: Jede Technokratie ist eine kulturlose Zivilisation. Die Liebe ist das Unverfügbare an sich. Nicht einmal für das eigene Leben kann über die Liebe verfügt werden, weil der Liebende sein Leben bedingungslos für den Geliebten hingibt. «Eine grössere Liebe hat niemand als die, dass er sein Leben für seine Freunde hingibt» (Joh 15,13).

Das Schicksal scheint den Faden der Ironie, von welcher hier die Rede ist, weiter zu spinnen: Die modernistischen Theologen haben von den Naturwissenschaftlern einen Glauben übernommen, den sie einst leidenschaftlich bekämpft haben: Die Evolutionshypothesen mit ihren zahlreichen Spielarten, die alle viel Glauben benötigen, weil sie auf ausgedehnten Spekulationen und wenig wissenschaftlich bewiesenen Fakten beruhen. Da die meisten der evolutionsgläubigen Theologen nicht viel von Naturwissenschaft verstehen, sind sie gezwungen, in doppelter Weise zu glauben: Sie müssen glauben, was die Wissenschaftler glauben. Dies ist um so tragischer, weil sie bei einer theologischen Betrachtung der Genesis an das einzig Glaubwürdige glauben könnten: an Gott. Der Wiener Erkenntnistheoretiker Alfred Locker umreisst die Situation treffend (die Polemik ist zu verstehen als die klagend erhobenen «Hände» der «Gottesanbeterin»): «Eigentlich hätte die Theologie Evolution (im wahren Sinne) immer schon als Ausdruck der Schöpfung (wenn auch, wie Sinnwidrigkeiten verdeutlichen, der gefallenen) sehen und von ihr unschwer die zum Schlagwort gewordene ‹Evolution› abgrenzen können. Unter dem schlechten Einfluss der exzessiven ‹Evolutions›-Emphase des Teilhard de Chardin, die sich vom Wort berauschen liess, ohne dessen inhaltliche Aussage zu beachten, verfiel Theologie schnell der unbedachten Rezeption des reduzierten, wenn nicht gar pervertierten ‹Evolutions›-Begriffs, der in den Naturwissenschaften dominiert. Im Zusammenhang mit dieser ‹Evolution› ist vom Sündenfall der Theologie zu sprechen, ihrer Sichtverschliessung, die den Gegensatz wie die Verbundenheit von Transzendenz und Immanenz zugunsten letzterer zerstört und nur noch jene abgewirtschaftete ‹Wirklichkeit› gelten lässt, die als Folge des gewalttätigen Zugriffs der Wissenschaft auf die Natur diese zur Trümmerstätte werden liess und besser Realität genannt wird. Es ist zu beachten, dass es nicht die ursprünglichen Dinge sind, die ehrfürchtig hingenommen und bewahrt werden, sondern ‹Dinge›, die bereits der methodischen Abstraktion ihr künstliches Dasein verdanken. Vereinbarkeit der Schöpfung mit Evolution, das ist die sich aufdrängende Frage. Vereinbarkeit besteht nur, wenn letztere als Erscheinungsweise der ersteren auftritt und nicht als deren heimlicher Ersatz (oder ungeschminkt ihre Stelle beanspruchender Usurpator). Evolution, wie das Wort kundtut: Entwicklung, Auswicklung des schon Gegebenen (als Erscheinungsweise Ausdruck eines Überzeitlichen, das in die Zeit hineinwirkt) ist schärfstens von einer (unter Anführungszeichen zu setzenden) ‹Evolution› zu unterscheiden, die das Vorgegebene zum vermeintlich erklärenden Mechanismus und zum ausgedachten Gegenstand einer Theorie verformt, die sich, nach ihm benennend, das Denken unserer Zeit weitgehend ins Nichtdenken verführt. Das auf diese Weise entstandene Unding ist mit Schöpfung absolut unvereinbar und deren blasphemische Karikatur. Mit ihm tritt eine Täuschung auf den Plan, die sich nur durch Vernebelung ihrer Widervernünftigkeit aufrechterhalten lässt. Leugnung der Vorgabe (als des prinzipiell ihr Unerreichbaren) zeichnet die moderne Naturwissenschaft aus, an der sich (in offen eingestandener Zustimmung) die ‹Evolutions›-Theologie orientiert. Natur wird so zu dem, was methodisch in sie hineingelegt wird, um als vorgeblich Erkanntes hinterher modellmässig-konstruktiv wieder herausgehoben zu werden.

Diese Haltung erfährt in der ‹Evolutions›-Theologie kaum zu überbietende Steigerung in der Hybris. Die mit dem Mechanismus der ‹Evolution› gleichgesetzte Natur existiert nur noch durch Subjekt- und Substanzübertragung des Wissenschaftlers auf seinen Gegenstand, der ‹Evolution› dadurch zu einem ihm analogen Handlungsobjekt macht, also diese in seiner Einbildung hypostatisch erzeugt. Der so verfahrende Wissenschaftler wird aber zugleich zum ersten Opfer seines Taschenspielerkunststücks: was er in strenger wissenschaftlicher Objektivität aus seinem Konstrukt verbannt hat, sein eigenes Subjekt, kehrt nun als das hypostatische Subjekt der ‹Evolution› zurück. Doch an diesem vom Evolutionisten nicht durchschauten Sachverhalt wird Ärgeres erkennbar: Was er auf von ihm erzeugte Gegenständlichkeit überträgt (oder ihr unterschiebt), das wird zugleich sein Gott; ‹Evolution› setzt er nicht bloss an die Stelle der Schöpfung, sondern an die des Schöpfers. Folgt ihm hier vielleicht der ‹Evolutions›-Theologe nicht ganz (da er Gott nicht mit ‹Evolution› verschmelzen, sondern ihm grosszügig noch eine unabhängige Existenz zuerkennen möchte), so wird für ihn doch der seinem Denken konforme Gott (a) zu einer Art deistischen Uhrwerkherstellers, der ‹Evolution› den ihr von ihm zugeteilten Gesetzen gemäss ablaufen lässt und (b) zu einem Lückenbüsser, dem Einspringen dort erlaubt wird, wo die ‹Evolutions›-Theorie in der Erklärung von Übergängen (besonders vom bloss Lebendigen zum Menschen) in den Trugschluss schlittert. Unbedenklich übernimmt die Theologie, was Hans Driesch, das Ansehen der Philosophie in Misskredit bringend, mit seinem ‹höheren Werdebestimmer› verursacht hat, dessen Wirken er aus empirischen Kenntnislücken nachzuweisen hoffte. Der ‹Evolutions›-Theologe führt indessen eine Art auf den Kopf gestellte Hypostatisierung durch, wenn er in Leugnung der Erbsünde die aktuelle Lebenswirklichkeit des Menschen von ihrer schon eingetretenen Versehrung losspricht und diese durch ihr von ihm zuteilgewordenes Verzeihen tilgt.

Er merkt nicht, dass er beim Verwerfen der Erbsünde sich selber – in unentschuldbarer Sünde wider den Geist – in den Rang eines Menschheitserlösers erhebt und damit weit Schlimmeres vollbringt, als durch vermessenes Negieren des Offenbarten bloss sich selber von Schuld freizusprechen.»[1, 2] Soweit Alfred Locker.

Der grosse Basler Biologe Adolf Portmann äusserte sich immer zurückhaltend gegenüber den Spekulationen verschiedener Evolutionshypothesen. Den Darwinismus lehnte er ab, weil die auf Mutation und Selektion reduzierten Evolutionsfaktoren nicht solche Merkmale der Lebewesen erklären, die über ihren Erhaltungswert hinausgehen; nämlich die Darstellungswerte wie Gestalt, Muster, Farbenpracht und Harmonie. Portmann glaubte nicht an eine wissenschaftlich bewiesene Evolution, lehnte jedoch den Gedanken an eine solche nicht ab. Die Strenge seiner Wissenschaftlichkeit zwang ihn zur Aussage: «Ich glaube vorderhand nicht daran, dass die Evolution ein im Prinzip durchschautes Geschehen ist. Mehr als eine solche bekennende Aussage erscheint mir heute unmöglich.»[3] Zu Portmanns Werk «Biologische Fragmente zu einer Lehre vom Menschen» äusserte sich sein Basler Kollege Karl Jaspers: «Die Sonderstellung des Menschen liegt für Portmann nicht schon in morphologischen und physiologischen Greifbarkeiten des Leibes. Das Wesentliche ist vielmehr die Daseinsweise des Menschen im Ganzen. Das Biologische, wenn man es im Menschen fassen will, hört auf, nur biologisch zu sein.»[4] In seinem, posthum erschienenen Buch unterwirft der Biologe und Philosoph Joachim Illies die Evolutionstheorien einer erkenntnistheoretischen Kritik, deren Position und wissenschaftliche Loyalität bereits im Titel zum Ausdruck kommt: «Der Jahrhundert-Irrtum, Würdigung und Kritik des Darwinismus».[5] Jedem Naturwissenschaftler, der Augen für die Schönheit der Schöpfung und Mut zur Demut hat, muss es vor der Lieblosigkeit und dadurch Hässlichkeit der darwinistischen Mechanismen grauen. Gewiss spielen Mutation und Selektion in der Schöpfung eine Rolle, aber bei weitem nicht eine hinreichende. Die Proklamation einer Teilwahrheit zur ganzen Wahrheit – wie es die Materialisten tun – gehört zu den schlimmsten Lügen, weil bei Rückfragen immer auf die wahren Teile hingewiesen werden kann. Der Darwinismus ist ein Leim, auf den schon fünf Generationen von Wissenschaftlern gekrochen und meistens auch kleben geblieben sind. Zum Schluss noch die Theologen, was hoffentlich ein Zeichen dafür ist, dass der Irrtum bald eingesehen wird.

Das Unglaubliche ist der Glaube jener Theologen, denen ihre Wissenschaftsgläubigkeit ausreicht, um mit Hilfe der Evolution die Erbsünde abzuschaffen. Gewiss, in einer Zeit, die eine Freiheit für Gott als ein Zeichen der Unmündigkeit betrachtet und den Fortschritt zur Mündigkeit in einer Freiheit von Gott sieht und somit die Zehn Gebote als überholt abschafft, ist eine Theologie der Abschaffung der Erbsünde bestsellerträchtig. An Stelle der Zehn Gebote sind tausendseitige Gesetzbücher der Juristen getreten, deren Umfang unter den technokratischen Sachzwängen täglich wächst. In einer gottlosen Zeit muss sich der Erfolgreiche fragen, was wohl die Ursache seines Erfolgs sei. So auch die Theologen, die im Gerede stehen und deren Bücher in der Literaturszene Furore machen. Sie sollten bedenken, dass es eine theologische Literatur gibt, die nicht in der Literaturszene erscheint, deren Verbreitung aber grösser ist als die theologischen Bestseller. Einige dieser Werke sind schon seit Jahrhunderten Longseller und sie werden es noch sein, wenn die Bestseller längst vergessen sind. Die Wahrheit ist leise und langsam, die Lüge laut und schnell. In einer Zeit der Lüge – die Sprache des Materialismus ist die Lüge – erscheint die Wahrheit nicht auf den verschiedenen Szenen, auch nicht auf der Literaturszene. Heute ist die Wahrheit still und unscheinbar, weil sie der Same ist, aus dem die Blüten und Früchte der kommenden Kultur hervorgehen, des verwirklichten Christentums. Die Wahrheit wächst und wird die Szene beherrschen, wenn die Bestseller nicht einmal mehr ihren Titeln nach bekannt sind. Die Wahrheit benötigt kein Papier, sie ist in der Substanz der Ewigkeit unvergänglich eingeprägt. Die Lüge verschwindet und wenn sie in Stein gemeisselt wird. Aus Hochmut und Eitelkeit wird immer Lüge, weil sie – Vater und Tochter – die Lüge im Inzest zeugen. Die heutigen Erfolgstheologen sollten daran denken, dass sie sich mit der Abschaffung der Erbsünde selbst enterben: Wenn man ohne Sünde ist, braucht man keinen Pfarrer, und die Kirchen werden leerer und leerer. Immer mehr Menschen sind die geistige Seichtheit der materialistischen Welterklärungen satt, sie suchen Gott und seine Liebe und nicht wissenschaftliche

Erklärungen für die Entstehung der Welt und für die Menschwerdung durch Evolution. Selbst die Fortschrittsgläubigen haben gemerkt, wie schnell die moderne Naturwissenschaft veraltet, und auch der philosophisch Unbedarfte fühlt, dass Wahrheit etwas sein muss, das nicht veraltet. Da es keine Evolution der Sünde gibt, gibt es auch keine Evolution der Menschwerdung. Die Möglichkeit zur Sünde entstand in dem Augenblick, in dem der Mensch geschaffen wurde: als Freiheit, sich für oder gegen den Schöpfer zu entscheiden. Wenn man aus Wissenschaftsgläubigkeit den Spiess umdreht und die Spekulationen über die Evolution zu theologischen Zwecken dogmatisiert, so bleibt nur eine Theologie der Enterbung der Erbsünde. Also eine Entscheidung gegen Gott.

Die Evolutions-Theologen sollten auch bedenken, dass es kaum eine Evolutionshypothese gibt, die frei von Darwinismus ist, also von jener Ansicht, nach der das «Überleben des Tüchtigsten» den entscheidenden Faktor der Entwicklung darstellt. Selbst bei Teilhard de Chardin kann man an verschiedenen Stellen eine Bewunderung für die Kräfte der Zerstörung finden. So bei der Schilderung der grossen Schlachten des Ersten Weltkriegs an der Marne und Somme, wo er in diesen Höllen auf Erden als Sanitätssoldat und katholischer Priester tapfer seinen Dienst leistete. In seinen Erinnerungen an diese schreckliche Zeit, die er mit seiner visionär erfüllten Sprache erzählt, dringt zum Erstaunen des Lesers etwas wie eine Sehnsucht nach dem Erlebnis der entfesselten Kräfte eines von Artilleriefeuer erhellten Nachthimmels durch. Unverhohlen sieht er in diesem Gewitter des Hasses Kräfte, die der Evolution helfen, dem Punkt Omega entgegenzustreben. Der begnadete Priester Christi wirkt da erschreckend unchristlich; er, der eine Welt lieben sollte, wo nicht der Tüchtige, sondern der Liebesfähige gut ist. Der Biologe Wolfgang Kuhn erkennt die Gefahr, die in Teilhards Visionen steckt: «Das fast unmerkliche Hinübergleiten in den Dialektischen Materialismus ist nicht die einzige Gefahr, die in Teilhards Werk schlummert. Wie dieser Dialektische Materialismus lehrt auch Teilhard, dass der Mensch seine Weiterentwicklung selbst gestalten kann: der Mensch der Zukunft soll durch planmässiges Einwirken auf die Entwicklung seines Körpers und Gehirns seine organische Vererbung unter Kontrolle bringen. Am Ende dieser bewusst eugenisch gelenkten Entwicklung steht er dann in vollendeter Gestalt da. Zu welch grauenhafter Entwürdigung des Menschen derartige Phantastereien im Nationalsozialismus geführt haben, bedarf keiner besonderen Betonung mehr. Man versteht, warum Scherer in der Diskussion nach einem Vortrag Karischs gestand, dass es ihm ‹gerade bezüglich der Gedanken, die Teilhard zur Eugenik äussert, angst und bang wird ...› Teilhard ist schnell bereit, von wissenschaftlichen Tatsachen, ja ‹Gesetzen› zu sprechen, wo es sich in Wirklichkeit nur um seine eigenen Konstruktionen und Wunschbilder handelt.»[6]

Eine Konsequenz des Darwinismus ist auch die sogenannte «Evolutionäre Erkenntnistheorie» einer «Biologie der Erkenntnis»[7], deren Anhänger mit religiös verbrämten Titeln wie etwa «Wir sind nicht nur von dieser Welt»[8] zeigen wollen, dass die Lehre des Christentums in unserer Zeit irrelevant, weil durch die Evolution überholt sei, indem diese Entwicklung die Menschheit in die Mündigkeit der heutigen Tage geführt habe. Es sind das Titel, welchen die wissenschaftsgläubigen Theologen in zunehmender Zahl hörig werden. Von der verhängnisvollen Nähe, in welcher diese «religiominösen» Evolutionsspekulationen zu einem harten Darwinismus stehen, zeichnet wieder der Saarbrücker Biologe Wolfgang Kuhn ein deutliches Bild: «Wenn man heute einer ‹Konsequenz des Darwinismus›, der sogenannten ‹Evolutionären Erkenntnistheorie› vorwirft, sie bereite den Faschismus wieder vor, so übersieht man dabei freilich, dass diese so unheilvolle Verbindung zwischen darwinistischer und nationalsozialistischer Ideologie tatsächlich niemals gelöst wurde. Es ist ein schwerer Irrtum, zu glauben, das Ende des ‹Tausendjährigen Reiches› und der faschistischen Diktatur in Italien (auch Mussolini zitierte in seinen Kampfreden Darwin und berief sich auf das Selektionsprinzip!) hätte zugleich auch das Ende jener verhängnisvollen Entwicklung bedeutet, die mit der Übertragung und Anwendung darwinistischer ‹Gesetze› auf Mensch und Gesellschaft vor mehr als hundert Jahren ihren Anfang nahm. Sir Julian Huxley in England ist keineswegs der einzige Biologe, der auch weiterhin ‹alles, was die Entwicklung offenhält oder fördert, recht, und alles, was die Entwicklung einengt oder vereitelt, unrecht› nennt. Diese durchaus nicht neue ‹Moral der evolutionären

‹Lenkung› muss, wie seinerzeit schon bei Rosenberg (Alfred Rosenberg war neben Joseph Goebbels der Hauptpropagandist des Nationalsozialismus) und bereits früher bei den antihumanen Sozialdarwinisten die christliche Moral verdrängen, um – wieder einmal! – den ‹neuen Menschen› ganz ohne jede ethische Belastung nach Belieben schaffen zu können. So verwirft denn Huxleys ‹evolutiver Humanismus› auch konsequent ‹alles Absolute, die absolute Wahrheit, die absolute Moral, die absolute Vollkommenheit, die absolute Autorität›.[9] Ganz offen und ohne die geringste Scheu fordert er, im Zuge der weiteren Entwicklung die herrschenden Moralnormen umzuformen und jeweils den neuen Verhältnissen ‹anzupassen›, zumal nach seiner Überzeugung ja jede christliche Religion, jeder Glaube an Gott durch seine Moralforderungen ‹einen Hemmschuh für jedes menschliche Vorwärtskommen› darstelle.»[10]

Der Wissenschaftsglaube in der Theologie ist wohl einer der grössten Triumphe des Bösen; dass mit der Erbsünde auch der Teufel abgeschafft wird, liegt auf der Hand. Allerdings, beide sind wissenschaftlich ebensowenig beweisbar wie die zahlreichen Spekulationen über die Evolution. Aber die letztere glaubt sich leichter, weil sie Argumente zur Abschaffung der ersteren liefert und dadurch beschwichtigend wirkt. Eine wissenschaftlich verzierte Beschwichtigung, aus welcher die Leichte der leichtverkäuflichen Theologie eines «Abschieds vom Teufel»[11] extrahiert werden kann. Weil die Kirchen sich leeren, konstruieren die modernistischen Theologen eine Theologie des Zumutbaren, und da dieser Dialektik keine Offenbarung zuteil wird, sind solche Theologen überzeugt, dass es keine Offenbarung gibt. Etwas ist gewiss: Dialektik und Gebet schliessen sich aus, – was Schlüsse auf die Dialektische Theologie zulässt. (Dies – um daran zu erinnern – ist das schmerzliche Geblöke eines Laien, der sich nach Priestern sehnt). Als Gnade ist die Offenbarung unsere einzige Quelle der Wahrheit. Das menschliche Denken allein reicht zur Erkenntnis der Wahrheit nicht aus; es vermittelt uns höchstens systemimmanente Richtigkeiten. Daher können sich die verschiedenen wissenschaftlichen Systeme – jedes für sich richtig – widersprechen. Dasselbe gilt für Theologien, die auf Wissenschaftsglauben beruhen. Eine Tatsache, die zu den hässlichen Streitereien in der Wissenschaft und Theologie führt. Wahrheiten widersprechen sich nie. Die von Christus auf Petrus gebaute Kirche verfügt über einen Schatz von Offenbarungen aus der Überlieferung von Tausenden von Heiligen aus bald hundert Menschengenerationen. Das sollten jene Theologen bedenken, die mit ihrem Kopf eine bessere Kirche als die von Christus begründete machen wollen. Kein Gesetz der Logik spricht dagegen, dass solcher Hochmut bald ebenso viele Kirchen hervorbringt, als es kirchengründende Theologen gibt.

Die im Gebet geoffenbarten Wahrheiten sind sozusagen das Gegenteil von dialektischen Relativierungen. Der englische Philosoph Lewis äussert sich (als «blökender Laie») zu einer Predigt des Theologen Alec Vidler über die wunderbare Verwandlung von Wasser in Wein bei der Hochzeit von Kana: «Es ist unglaublich, dass wir fast zweitausend Jahre haben warten müssen, bis uns ein Theologe namens Vidler klar machte, was die Kirche immer als ein Wunder betrachtet hatte, sei in Wirklichkeit nur ein Gleichnis.»[12] Tragisch und schmerzlich für den «blökenden Laien» ist die Tatsache, dass sogar Märtyrer des Christentums, wie der wegen seines Widerstands gegen das Naziregime im April 1945 hingerichtete Dietrich Bonhoeffer, einer Theologie des Zumutbaren Zugeständnisse machen: «Der Mensch hat gelernt, in allen wichtigen Fragen mit sich selbst fertig zu werden ohne Zuhilfenahme der Arbeitshypothese Gott ... Es zeigt sich, das alles auch ohne Gott geht. Ebenso wie auf wissenschaftlichem Gebiet wird im allgemeinen menschlichen Bereich ‹Gott› immer weiter aus dem Leben zurückgedrängt. Man versucht, der mündig gewordenen Welt zu beweisen, dass sie ohne den ‹Vormund Gott› nicht leben könne. Wenn man auch in allen weltlichen Fragen schon kapituliert hat, so bleiben doch immer die sogenannten letzten Fragen ... Aber wie, wenn sie eines Tages nicht mehr als solche da sind, bzw. wenn sie auch ohne ‹Gott› beantwortet werden?»[13]

Der Arzt Johannes Hufschmidt äussert sich dazu mit der Schärfe aus der Betroffenheit des immer wieder «blökenden Laien»: «Zu anderer Zeit hat Bonhoeffer bedeutend Klügeres gesagt, aber gerade deshalb bleibt sein Zitat symptomatisch für das grenzenlose Vertrauen, welches Theologen in Dinge zu setzen pflegen, von denen sie nichts verstehen. Es hat sich seither gezeigt, dass der Mensch durchaus nicht ‹mit sich selber fertig wird›, und mündig ist er bestenfalls in der Rhetorik von Bundespräsidenten. Wahrhaft bestürzend für den Naturwissenschaftler sind aber illusionäre Vorstellungen von einer wissenschaftlichen Omnipotenz, vor der die Theologie ‹in allen weltlichen Fragen› schon kapituliert zu haben meint. Wie kam es zur Flucht vor diesem Phantom? Der moderne Mensch, demutloses Produkt einer Mesalliance zwischen Tageszeitung und Grundgesetz, hat für seine Person die Wahrheitsfrage durch die Frage der Zumutbarkeit ersetzt. Die Vorstellung von einer kostbaren, weil mühsam zugänglichen Wahrheit hat er zusammen mit dem Geschmack am Paradox und dem Sinn für Humor auf dem Altar seiner Progressivität geopfert. Nicht zumutbar ist, was auf der plakatwandigen Fläche des progressiven Bewusstseins nicht kleben bleibt, und das Unzumutbare – Palmström sei Zeuge – existiert auch nicht. Das Schreckensgespenst dessen, was ‹dem heutigen Menschen nicht länger zumutbar ist›, hat ganze Bataillone von Theologen auf dem Frontabschnitt zwischen Professor Bultmann und Bischof Robinson veranlasst, die Stellungen kampflos zu räumen. Machtfreie Räume aber gibt es leider nur in den Köpfen der Bundesbürger. In die preisgegebenen Positionen rücken alsbald Legionen von Monisten und Materialisten nach, vereint unter dem Feldgeschrei der ‹wissenschaftlichen Weltanschauung›. ‹Die Hypothese Gott hat für die Deutung und das Verständnis der Natur keinerlei pragmatischen Wert mehr›, meint der englische Biologe und (bis 1948) Generaldirektor der UNESCO, Sir Julian Huxley. Es ist für den Zuschauer nicht ohne Reiz, dass Bischof Robinson Sir Julian zum Zeugen seiner Theologie macht, um alsbald zu verkünden, dass Gott für den Intellekt überflüssig, für das Gefühl entbehrlich und für die Moral unerträglich sei. In einem ebenso dunklen wie dringenden Bedürfnis, dem Atheismus entgegen zu kommen, kommt er ihm zuvor: Begnügt sich Sir Julian mit der Gottlosigkeit der Natur, so gibt ihm Robinson den Menschen rabattweise hinzu. Der theologische Laie fragt sich vergeblich, warum Leute wie Bonhoeffer und Robinson aus dem polyphonen Männerchor der Naturwissenschaftler ausgerechnet solche Stimmen zu Solisten küren, die ihnen die Daseinsberechtigung absprechen. Die Antwort mag in der Psychopathologie zu suchen sein: Es scheint unter dem Druck der Diffamierung ein mutloses, mit sich selbst verfeindetes Christentum entstanden zu sein, das nur noch dem Quälenden Wirklichkeitscharakter zubilligt. Mutlosigkeit aber ist Sünde wider den Heiligen Geist.»[14]

Dietrich Bonhoeffer hat ja weit mehr als «bedeutend Klügeres» gesagt, er hat das Christentum mit ergreifendem Zeugnis gelebt. Davon spricht das Lied, das er zur Weihnachtszeit 1944 im Kellergefängnis der Geheimen Staatspolizei in Berlin für seine Mutter und seine Braut als Geleit für das Jahr 1945 geschrieben hat, das Jahr, in welchem ihn die Nationalsozialisten kurz vor Ende ihres verlorenen Krieges ermordet haben:

> Von guten Mächten treu und still umgeben,
> Behütet und getröstet wunderbar,
> So will ich diese Tage mit euch leben
> Und mit euch gehen in ein neues Jahr.

> Noch will das alte unsere Herzen quälen,
> Noch drückt uns böser Tage schwere Last,
> Ach, Herr, gib unsern aufgescheuchten Seelen
> Das Heil, für das du uns bereitet hast.

> Und reichst du uns den schweren Kelch, den bittern
> Des Leids, gefüllt bis an den höchsten Rand,
> So nehmen wir ihn dankbar ohne Zittern
> Aus deiner guten und geliebten Hand.

> Doch willst du uns noch einmal Freude schenken
> An dieser Welt und ihrer Sonne Glanz,
> Dann woll'n wir des Vergangenen gedenken
> Und dann gehört dir unser Leben ganz.

> Von guten Mächten wunderbar geborgen,
> Erwarten wir getrost, was kommen mag,
> Gott ist mit uns am Abend und am Morgen
> Und ganz gewiss an jedem neuen Tag.

Welcher Unterschied zwischen der verkopften Theologie des Zumutbaren und diesem herzensgrundtiefen Zeugnis des kindlichen Glaubens eines mutigen Mannes. Immer wieder erscheinen im Christentum solche Zeichen des Widerspruchs, weil das Christentum die schwerste aller Religionen ist: die Religion der unbedingten Liebe in einer grenzenlosen Freiheit für Gott. Ein grosser Kopf bedarf eines grossen Herzens, und nirgends ist diese Komplementarität so wichtig wie in der Theologie. Für nichts ist der Laie so dankbar wie für die Verteidiger einer Herzenstheologie, deren einer der von Papst Johannes Paul II. als grosser Theologe bezeichnete Priester, Autor und Verleger Hans Urs von Balthasar ist.

Die Kraft der Botschaft Christi von der Freiheit und der Liebe, die während der ersten dreihundert Jahre des Christentums das ganze Römische Reich ohne einen einzigen Schwertstreich erobert hat, wird seit dem 4. Jahrhundert zum Zweck materieller Macht schwer missbraucht. Die Menschen wollen die Freiheit, aber die Liebe wollen sie nicht. So entstand aus der Freiheit für Gott des Urchristentums eine Freiheit von Gott des Unchristentums. Diese schlimmste aller Gottlosigkeiten gipfelt heute im naturwissenschaftlichen Atheismus, in welchem sie ihr Ende finden wird – demnächst. Die Leugnung Gottes mit Hilfe der Wissenschaft ist die Vollendung der Sünde wider den Heiligen Geist: die Leugnung des Geistes durch den Geist. Zu keiner Zeit wurde so viel Intelligenz aufgewendet, um Gott zu leugnen. Einen wissenschaftlichen Gottesbeweis lehnen die Atheisten ab; jedoch glauben sie, dass man mit Hilfe der modernen Naturwissenschaft beweisen könne, dass es Gott nicht gibt.

Die Zirkelschlüssigkeit des materialistischen Denkens wird immer wieder offensichtlich. Nicht weniger offensichtlich sind die zwei nur mit der Gottheit Christi verstehbaren historischen Tatsachen: Erstens das bereits genannte, aus allen geschichtlichen Dimensionen fallende Begebnis der bis zur Hingabe des eigenen Lebens der Christen friedlichen Eroberung eines politischen Weltreiches. So etwas gibt es nirgends in der ganzen Menschheitsgeschichte. Zweitens die Tatsache, dass Christus zur Gründung seines geistigen, nun bald – allen Skandalen in der Kirche zum Trotz – zwei Jahrtausende bestehenden Weltreiches nur drei Jahre in der Öffentlichkeit gewirkt hat. Das kann nicht ein Mensch gewesen sein, sondern was der römische Hauptmann auf Golgatha sagte, als er Christus am Kreuz sterben sah: «Dieser Mensch war in Wahrheit Gottes Sohn» (Mk 15,39). Den Machthabern dieser Welt war und ist Christus ein Ärgernis und eine Torheit. Die Materialisten fordern materielle Beweise: «Die Vorübergehenden aber lästerten ihn, schüttelten die Köpfe und sagten: ‹Der du den Tempel niederreisst und in drei Tagen wieder aufbaust, rette dich selbst, wenn du der Sohn Gottes bist, und steig herab vom Kreuz.› Ähnlich spotteten auch die Hohenpriester zusammen mit den Schriftgelehrten und Ältesten und sagten: ‹Anderen hat er geholfen, sich selbst kann er nicht helfen. Er ist der König von Israel? Da steige er jetzt herab vom Kreuz, dann wollen wir an ihn glauben! Er hat auf Gott vertraut, der soll ihn jetzt retten, wenn er Wohlgefallen an ihm hat. Er hat ja gesagt: Ich bin Gottes Sohn.›» (Mt 27,39–43).

Warum gibt Christus den Materialisten keine physikalisch-chemischen Beweise? Um zu vermeiden, was jene, die solche Forderungen stellen, tun würden: Um seine Gunst buhlen, wie sie es bei den Mächtigen der Welt tun. So bleibt der Lohn denen, die an ihn glauben, ohne zu sehen. Aber auch jene, die handgreifliche – experimentelle – Beweise fordern, sind von der Barmherzigkeit Gottes nicht ausgeschlossen: «Dann sagte er zu Thomas: ‹Tu deinen Finger hierher und sieh meine Hände an, und tu deine Hand her und lege sie in meine Seite, und sei nicht ungläubig, sondern gläubig.› Thomas antwortete und sagte zu ihm: ‹Mein Herr und mein Gott.›» (Joh 20,27–28). Thomas forderte mehr als Hören und Sehen, er verlangte jene Sinneswahrnehmung, auf welche die moderne Naturwissenschaft ihre Erkenntnisse bezieht (und durch solche Einsinnigkeit reduziert): auf die Tast-, Mach- und Messbarkeit. Messungen sind stets Hand-lungen: «Thomas aber, einer von den Zwölfen, Zwilling genannt, war nicht unter ihnen, als Jesus kam. Die Jünger sagten ihm nun: ‹Wir haben den Herrn gesehen.› Er aber sprach zu ihnen: ‹Wenn ich nicht an seinen Händen das Mal der Nägel sehe und meinen Finger in das Mal der Nägel lege und meine Hand in seine Seite lege, so werde ich nimmermehr glauben.›» (Joh 20,24–25). Der Glaube ist die Grundlage jeden Denkens, und immer wieder muss den Atheisten gesagt werden: Auch ihr glaubt, dass ihr nicht glaubt. Ebensowenig, wie es einen wissenschaftlichen Gottesbeweis gibt, gibt es einen wissenschaftlichen Beweis für die Nichtexistenz Gottes.

Aus einer Freiheit von Gott sind die materialistische (wertfreie) Naturwissenschaft und ihre Technik hervorgegangen, bittere Früchte eines missbrauchten Christentums – einer Freiheit ohne Liebe. Von den verantwortungsbewussten und religiösen Naturwissenschaftlern wird immer deutlicher gesehen und zugegeben, dass es eine wertfreie Forschung nicht geben kann, weil die Wertfreiheit auch ein Wert ist, und zwar jener, welcher der bösen Tat Tür und Tor öffnet. Diese Wissenschaftler sind betroffen, wenn sie als eine Folge der genannten Phasenverschiebung feststellen müssen, dass sogar prominente katholische Theologen wie Karl Rahner an eine wertfreie Wissenschaft glauben: «Für die moderne Naturwissenschaft besteht, und zwar ganz mit Recht, ein methodologischer A-theismus, der zwar nicht sagt, Gott existiere nicht, der aber den exakten Wissenschaften verbietet, auf Gott als Erklärung des noch Unerklärten und innerweltlich Erklärbaren zu rekurrieren.»[15] Eine gefährliche Absolution für die Wertfreiheit, die gestattet wird, um den «Lückenbüssergott» in der Wissenschaft zu vermeiden. So gewissermassen das theologische Zugeständnis an die unartig gewordenen Pfarrkinder aus dem Laboratorium: Nimmst du mir keinen «Lückenbüssergott», so gebe ich dir Wertfreiheit. Galilei – ein peinlicher Name in der Theologie der Phasenverschiebung – hat die moderne Naturwissenschaft mit der Messung einer Kraft begründet, die nach unten wirkt: die Anziehungskraft der toten Materie – die Schwerkraft. Aus der Freiheit für Gott wird im verwirklichten Christentum eine Naturwissenschaft der Liebe hervorgehen, welche sich auf eine Kraft bezieht, die nach oben wirkt: Die Lebenskraft, welche die Pflanzen, die Tiere und den Menschen der Schwerkraft entgegengesetzt aufwärts – himmelwärts – wachsen und wirken lässt. Begreiflicherweise wird diese Kraft – die vis vitalis – von der materialistischen Naturwissenschaft bestritten wie alles, was sich mit physikalisch-chemischen Instrumenten nicht messen lässt. Nicht messbar heisst für den Materialisten nicht existierend. Aber: Das meiste der Weltwirklichkeit – unserer Daseinstatsächlichkeit – lässt sich physikalisch-chemisch nicht messen. Auch die Chemie und Physik lassen sich nicht messen, denn sie sind nichts Chemisches und nichts Physikalisches, sondern Gegenstände des menschlichen Geistes. Chemie und Physik lassen sich durch sich selbst nicht verstehen, weil sie etwas Geistiges sind; mit Chemie und Physik ist nur Materie verstehbar.

Es gibt Autoren, welche über «die gnadenlosen Folgen des Christentums» schreiben und meinen damit die Bedrohung der Schöpfung durch die Technik. Der Raubbau an der Schöpfung ist jedoch nicht eine Folge des Christentums, sondern seines Gegenteils: der materiellen Habgier (von der allerdings manche Vertreter des Christentums nicht ausgeschlossen sind). Es ist leicht, die Schuld beim anderen zu suchen (beispielsweise beim Automobil des anderen). Wer von den «gnadenlosen Folgen des Christentums» spricht, tut dies mit derselben Logik wie jener Mensch, welcher die allfällig missratenen Kinder und Kindeskinder eines solchen Autors die «gnadenlosen Folgen von Herrn und Frau Soundso» nennt. Gott kann dem Menschen nicht die Freiheit geben und ihn zugleich zur Liebe zwingen. Das Tier ist nicht frei und vermag deshalb weder gut noch böse zu sein. Jedoch handeln die materialistischen Verhaltensforscher böse, welche vom Tierverhalten auf den Menschen schliessen, ihm die Freiheit absprechen und das Böse zum «sogenannten Bösen» relativieren. Die Liebe ist ein Attribut der Freiheit, sie kann nur in Freiheit existieren. Allerdings, Liebe ist mehr als bloss Attribut der Freiheit; Freiheit und Liebe sind untrennbar miteinander verbunden: die Freiheit ist ein Liebesgeschenk des Schöpfers an den Menschen – der Mensch ist durch die Freiheit Mensch. Sowenig wie ein irdischer Vater seine Kinder zwingen kann, ihn zu lieben, kann der himmlische Vater die Menschen zwingen, ihn zu lieben. Die Gotteskinder können sich für oder gegen Gott entscheiden. Der Mensch kann Gott lieben oder sich von Gott abwenden; in der letzteren Entscheidung besteht die Sünde. Seit der Sünde – die durch keine Evolutions-Theologie abgeschafft werden kann – lebt die Ebenbildschaft Gottes das Leiden im Zeichen des Widerspruchs der Entzweiung, unter der Gott auf Golgatha als Mensch für die Erlösung der Menschen gelitten hat. Um der Freiheit willen konnte Christus das Leiden nicht aus der Welt nehmen – aber er hat dem Leiden einen Sinn gegeben.

Die materialistische Naturwissenschaft unterscheidet sich von allen vorausgegangenen Betrachtungsweisen insbesondere dadurch, dass sie immer wieder und allen ihren vorausgegangenen Irrtümern zum

Trotz zu wissen meint, wie die Welt funktioniert, indem sie in der physikalisch-chemisch messbaren Materie deren erste und letzte Gründe sieht. Über ein solches Wissen hat sich der Zürcher Philosoph Hermann Lübbe mit beachtenswerter logischer Schärfe geäussert: «Gerade für die sogenannte wissenschaftliche Zivilisation lässt sich nun sogar behaupten, dass in ihr die gesamtgesellschaftliche Zukunft prinzipiell nicht prognostizierbar ist. Das ist ein anspruchsvoller Satz, der sich aber hart begründen lässt. Die Begründung lautet: Wir mögen ja, immerhin, mit Hilfe der Zukunftswissenschaft alles Mögliche über die Zukunft wissen; eines jedoch können wir aber mit Sicherheit nicht wissen, nämlich, was wir künftig wissen werden; denn sonst wüssten wir es ja bereits jetzt. Eben deswegen gilt: Je grösser in einer Zivilisation der Anteil des wissenschaftlichen Wissens an den Faktoren der Wirklichkeitsveränderung ist, um so mehr nimmt, aus prinzipiellen Gründen, die Prognostizierbarkeit ablaufender Veränderungen ab.»[16] Etwas allerdings ist von diesem zukünftigen Wissen vorauszusagen: Es wird die Weisheit weiterhin verschütten. Auch die Materialisten sehen die Folgen des Materialismus, leider nicht als *dessen* Folgen. Sie meinen, das «Drehbuch» sei gut, bloss die «Regie» sei schlecht. Die ökologische Verarmung der Welt, das Töten der Schöpfung durch den Menschen, ist schlimm. Noch schlimmer aber ist die geistige Verarmung, weil die ökologische deren Folge ist. Die geistige Armut des Materialismus, die eine Folge der materialistischen Naturwissenschaft ist.

Geistige Armut führt schliesslich in materielle Armut; der Materialismus wird uns auch materiell arm machen. In einem Land, wo die Kinder nach Liebe hungern, werden sie bald nach Brot hungern. Das beweisen Länder, wo der Dialektische Materialismus Staatsideologie ist. Aber auch der kapitalistische Materialismus wird in materieller Armut untergehen. Ein Untergang, der am Anfang des Weges ins verwirklichte Christentum steht. Der Fortschritt ins verwirklichte Christentum ist vom Fortschritt im Materialismus sehr verschieden. In einer materialistisch geprägten Gesellschaft steigt die Verfügbarkeit materieller Güter zunächst an, und zwar parallel mit einer Verarmung an geistigen und seelischen, also kulturellen Werten. Der Materialismus tritt sachzwängig einer kulturlosen Zivilisation entgegen, deren

Staatsform die Technokratie ist. Weil die Materie begrenzt ist, tritt zur Verarmung an geistig-seelischen Werten bald auch eine Verarmung an materiellen Gütern hinzu. Die Zeit ist nicht mehr ferne, wo auch die Reichsten kein gutes Wasser und keine reine Luft mehr haben können – nicht für alles Geld der Welt. Der selbstverständlich gewordene Komfort und das verlängerte Erdenleben der Menschen in den reichen Ländern werden zerrinnen wie die letzten Minuten im Stundenglas des Atomzeitalters. Dann wird aus der *materiellen* Armut des Materialismus die Menschheit dem verwirklichten Christentum entgegengehen.

Die Botschaft vom Ende des Materialismus ist also eine frohe Botschaft. Die kommende Kultur der unbedingten Liebe – der Gottes- und Nächstenliebe – wird ihre materiellen Ansprüche an der Nachfolge Christi orientieren: persönliche Armut und sozialer Reichtum. Im Materialismus herrscht aus Mangel an Liebe gerade das Gegenteil. Beim Fortschritt ins verwirklichte Christentum werden die geistigen und seelischen, also die kulturellen Werte in der unbeschränkten, alle Schranken des Habens sprengenden Liebe in ein grenzenloses Sein hinanwachsen. In der Freiheit *für* Gott, welche der Gehorsam gegenüber dem obersten Gesetz ist, in welchem alle Gesetze verankert sind: dem Liebesgebot (Mt 22, 34–40).

Die eigentliche Wirksamkeit der modernen Naturwissenschaft besteht in der Tatsache, dass die Materie mit mathematischen Gesetzen beschreibbar ist: Die materielle Welt gehorcht der Geisteswelt, das Niedrigere dem Höheren. Albert Einstein sagte, das Unbegreiflichste an der Natur sei, dass sie begreifbar ist. Das Unbegreifliche an diesem Begreifenkönnen ist der Mensch, das Wesen, das zu begreifen vermag. Der Unterschied zwischen den Materiegesetzen – den Naturgesetzen – und den mathematischen Gesetzen ist die Kontingenz der Naturgesetze und die Unabänderlichkeit der mathematischen Gesetze.[17] Beispielsweise könnten das Gravitationsgesetz oder die Gesetze der Elektrodynamik – wenn sie nur der Logik genügen – anders sein. Zum Beispiel könnten die Konstanten grösser oder kleiner sein. Aber den Kreis kann auch Gott nicht viereckig machen. Das widerspricht nicht seiner Allmacht, sondern sagt, dass Gott nicht sich selbst widersprechen kann. So waren für den grossen Mathematiker Georg Cantor die mathematischen Gesetze Stufen zum Throne Gottes. Durch die Kontingenz der Materiegesetze und die Unverrückbarkeit der mathematischen Gesetze beweist die moderne Naturwissenschaft den Primat des Geistes: Die Materie ist eine Folge des Geistes und nicht umgekehrt, wie die Materialisten mit ihrem Primat der Materie – der Leugnung ihres eigenen Geistes durch ihren eigenen Geist – meinen. Immer mehr Naturwissenschaftler begeben sich auf den Weg Abälards «intelligo ut credam – ich denke, damit ich glaube» und sehen die tiefe Wahrheit, mit welcher Johannes sein Evangelium beginnt.

Das Ende der Welt wird ein anderes sein, als die materialistischen Naturwissenschaftler mit ihren zahlreichen Weltmodellen sich ausgedacht haben. Da die Naturgesetze kontingent sind – da sie also auch ganz anders sein könnten, oder überhaupt nicht – besteht kein Widerspruch zwischen der modernen Naturwissenschaft und den Prophezeiungen in der Apokalypse des Johannes. In seinen Betrachtungen zu den «sieben Siegeln» schreibt Romano Guardini: «Was das Gericht des sechsten Siegels angeht, so scheint es unmittelbar von den letzten Erschütterungen der Welt zu sprechen. Die Wissenschaft zuckt die Achseln über die Voraussage eines Welt-Endes; der Glaube aber weiss, dass es kommen wird, weil die Welt nicht selbstverständlich und in sich sicher ist. Weder ist sie natürlich entstanden, noch in Natürlichkeit dauernd, sondern durch den Willen des freien Gottes geschaffen und gehalten (die Welt ist kontingent). So vergeht sie auch; wiederum nicht aus natürlicher Notwendigkeit (durch Zunahme der Entropie), sondern weil ihr von Gott ein Ende gesetzt wird. Dieses Ende aber muss, da die Sünde geschehen ist und immer wieder geschieht, schreckensvoll sein: Untergang und Gericht. Das Bewusstsein davon dringt in jeder Naturkatastrophe vor, wenn der Mensch, den es angeht, offen ist. Und doch wollen wir uns daran erinnern, dass, wer die Siegel öffnet, das Lamm ist. Das Leben und Wirken Jesu Christi geht in der Apokalypse weiter. Darin erscheinen die letzten Dinge, aber mit Bezug auf Ihn. Er ist es, durch den das Letzte geschieht; der Allem seinen endgültigen Charakter gibt; der richtet und vollendet.»[18]

Alle Streitgespräche zwischen Naturwissenschaftlern sind im eigentlichen Glaubensstreite, denn um wissenschaftlich erwiesene

Tatsachen zu streiten, ist sinnlos. Am heftigsten sind die Streite in der Wissenschaft dort, wo am wenigsten wissenschaftlich erwiesene Tatsachen vorliegen: bei den zahlreichen Hypothesen und Spekulationen über eine allfällige Evolution der Lebewesen. Weil die Naturwissenschaftler sich nicht um die Laien zu kümmern brauchen, brauchen ihre Auseinandersetzungen auch die Laien nicht zu kümmern. Aber weil im heutigen Wissenschaftsbetrieb die Laien mit ihren Steuergeldern die Gehälter der Professoren bezahlen, sehen sich diese veranlasst, die Geldgeber für ihre Sache zu vereinnahmen. So verkaufen die wissenschaftsgläubigen Wissenschaftler ihre Spekulationen als Ideologien, welche die Laien von einer Verantwortung gegenüber Gott befreien sollen. Noch lässt sich die Selbstorganisation der Materie als erste Stufe der Evolution sehr gut verkaufen. Wie lange werden die Geldgeber noch glauben, dass dieser Glaube Wissen sei? Wie es nicht anders sein kann, wird das Ende der materialistischen Naturwissenschaft ein materielles sein – Geldmangel.

Anders verhält es sich bei den Theologen, welche – wenn die Theologie einen Sinn haben soll – ihren Pastoralauftrag wahrnehmen müssen. Mit den Theologenstreitigkeiten wurde der Herde durch Verunsicherung unermesslicher Schaden zugefügt. Die Hirten haben die Herde getrennt und die Entzweiten zur Verteidigung ihrer Ansichten gegeneinander aufgehetzt. Das traurigste Beispiel ist die Epoche des Dreissigjährigen Krieges. Die Ursache für wissenschaftliche Streitereien ist stets ein Mangel an dem, was für jede wissenschaftliche Tätigkeit eine notwendige Voraussetzung ist: Mut zur Demut. Wo dieser Mut fehlt, triumphieren Hochmut und intellektuelle Eitelkeit mit ihrem Balg, der Lüge. Der Theologenhochmut ist der schlimmste Hochmut, weil es nicht bei einem wissenschaftlichen Streit bleibt, sondern weil er die Herde entzweit. Wir sind dankbar für jene Theologen, die mit dem Mut zur Demut um Einheit und Frieden ringen. So der Tscheche Johann Amos Comenius, den der Basler Theologe Jan Milič Lochman einen «Mann der Sehnsucht» nennt, im Jahrhundert des Dreissigjährigen Krieges. Deutlich sah Comenius auch die Gefahr, welche die in eben diesem 17. Jahrhundert in die Wiege gelegte moderne Naturwissenschaft birgt. Dazu der tschechische Philosoph Jan Patocka: «Die modernen Denker im scharfen Sinne des Wortes,

Descartes, Galilei, aber auch Hobbes und Locke, warfen alle Bindungen weg, welchen Comenius noch verpflichtet ist, um ein rein objektives Bild der Natur zu gewinnen; aber sie konnten dies nur um den Preis tun, dass sie die Sicht des Menschen als eines grundsätzlich mitseienden Wesens ignoriert oder gar aufgegeben haben, die Sicht, welche den lebendigen Nerv der ganzen Konzeption Comenius' darstellt, und der sie auch für den heutigen Menschen nahe und warm macht.»[19] Offensichtlich hat Comenius die Sünde Galileo Galileis, Francis Bacons und René Descartes' erkannt. «Stossen wir in Comenius nicht auf einen weitsichtigen Denker», fragt Lochman, «dem die Spaltung der kartesianisch orientierten Wissenschaft und Humanität mit guten – heute geradezu offenkundigen – Gründen unheimlich wurde?» Lochman schliesst seine Monographie über Comenius: «In einem Satz zusammengefasst: Nicht die Welt gibt Comenius seine Hoffnung; aber die Hoffnung gibt ihm die Welt. So ging er seinen Pilgerweg, der ‹Mann der Sehnsucht›: vom Labyrinth der Welt ins Paradies des Herzens. Aber auch: vom Paradies des Herzens ins Labyrinth der Welt.»[20]

Solchen Theologen sind die Naturwissenschaftler der Sehnsucht nach Glauben an Gott dankbar. Sie sind froh, ein mildes Herz und nicht einen harten Kopf zu finden (von welchem sie aus beruflichen Gründen zur Genüge haben). Die treibende Kraft der materialistischen Naturwissenschaft ist die Neugierde; die Befriedigung der Neugierde geschieht durch List, durch Überlisten der Natur, wie Francis Bacon empfohlen hat. Deshalb ist die moderne Naturwissenschaft nicht christlich, sondern eine Folge des missbrauchten Christentums – der Freiheit von Gott, der Freiheit ohne Liebe. Neugierde ist eine Ursache der Erbsünde, die in der modernen Naturwissenschaft als sogenannte Wertfreiheit wirksam ist. Da helfen keine Evolutionsspekulationen, mit welchen die Selbstorganisatoren der Materie den Theologen eine Selbstabsolution anbieten. Davon wird den Theologen des «Abschieds vom Teufel» dringend abgeraten – von gläubigen Naturwissenschaftlern! Die treibende Kraft der christlichen Naturwissenschaft in der kommenden Kultur wird die Kraft des Comenius sein: die Sehnsucht. Und die Stillung der Sehnsucht geschieht durch Liebe.

Die Kirche als Leib Christi ist die Trägerin des Christentums bis zur Wiederkunft Christi, bis ans Ende der Zeiten, das unabhängig von meinem Glauben an die Verwirklichung des Christentums in der kommenden Kultur schon im nächsten Augenblick sein kann. Da es ohne Kirche keine Verwirklichung des Christentums gibt, muss auch die Kirche sich verwirklichen. Papst Johannes Paul II. sagt dazu: «Liegt etwa das wissenschaftlich-technische Unterfangen, die Welt zu unterwerfen nicht auf der biblischen Linie der Aufgabe, die Gott dem Menschen übertragen hat? Ist der Wunsch nach Macht und Besitz nicht die Versuchung des Menschen und des Volkes unter dem Zeichen des Bundes mit Gott? Wir werden vielleicht nicht ohne Staunen entdecken, dass die Krise und die Versuchung Europas und seiner Menschen Krisen und Versuchungen des Christentums und der Kirche in Europa sind. Wenn aber die Schwierigkeiten und Hindernisse für die Evangelisierung in Europa in der Kirche und im Christentum selbst Vorwände finden, dann werden auch die Heilmittel und Lösungen in der Kirche und im Christentum gesucht werden müssen, das heisst in der Wahrheit und in der Gnade Christi, des Erlösers des Menschen, Mittelpunkt des Kosmos und der Geschichte. Die Kirche muss sich also selbst evangelisieren, um den Herausforderungen des heutigen Menschen gerecht werden zu können. Wenn der Atheismus eine Versuchung des Glaubens ist, wird er durch die Vertiefung und Läuterung des Glaubens besiegt werden. Wenn der Säkularismus die Stellung des Menschen in der Welt und die Nutzung des Universums in den Vordergrund rückt, wird die Evangelisierung wieder jene kosmische Theologie und Spiritualität anbieten müssen, die, begründet in der Bibel und präsent in der Liturgie, vom Zweiten Vatikanischen Konzil in neues Licht gerückt wurde (vgl. ‹Gaudium et spes› Nr. 37). Wenn die in Europa begonnene industrielle Revolution einen Wirtschaftstyp, soziale Beziehungen und Bewegungen entstehen liess, die sich der Kirche zu widersetzen und die Evangelisierung zu behindern scheinen, werden wir dadurch, dass wir das Evangelium der Gerechtigkeit, der Brüderlichkeit und der Arbeit leben, verkünden und verkörpern, die Welt der Arbeit wieder zu einer menschlichen und christlichen Welt machen. Wir werden weiterhin diese Begriffe auf so wichtige Wirklichkeiten anwenden können wie die Familie, die Jugend, die

Armutszonen und die ‹neuen Armen› in Europa, die ethnischen und religiösen Minderheiten, die Beziehungen zwischen Europa und der Dritten Welt. Wenn wir an den Glauben und die Heiligkeit der Kirche appellieren, um auf diese Probleme und diese Herausforderungen zu antworten, so ist das nicht Ausdruck eines Verlangens, die Macht zu ergreifen oder wiederzuergreifen, sondern es ist der verpflichtende Weg, der bis zu den letzten Ursachen der Herausforderungen und Probleme führt. Damit die Kirche ihrer heutigen Sendung in Europa nachkommen kann, muss sie sich dessen bewusst sein, dass sie – weit davon entfernt, dem europäischen Menschen fremd zu sein oder noch viel weiter davon, sich zur Lösung der Krisen und Probleme Europas ungeeignet oder unfähig zu fühlen – vielmehr die Heilmittel für die Schwierigkeiten und die Hoffnung für morgen in sich selbst trägt. Durch ihre Treue zu Christus bis zum Äussersten und durch die Heiligkeit des Lebens und die evangelischen Tugenden macht die Kirche Christus mehr und mehr sichtbar und wird in den Geist und das Herz Europas eintreten. Unsere Verantwortung und unser Sendungsauftrag gegenüber Europa sind also recht gross, ebenso wie die Hoffnung gross ist, die wir in uns tragen. Unsere Gemeinden, die in den ersten Stunden der Geschichte der Kirche evangelisiert wurden, haben kostbare Talente zu verwalten. Wir dürfen uns natürlich nicht wie die Arbeiter im Gleichnis des Evangeliums gegenüber den jungen Kirchen der anderen Kontinente unserer Verdienste rühmen. Ja, wir müssen mit ehrlicher Demut um Vergebung bitten für unsere Treulosigkeit, für unsere Uneinigkeit und für die Übel, die wir in der Welt verbreitet haben. Aber zugleich müssen wir mit neuer Überzeugung die Sendung auf uns nehmen, die Gott uns heute im Hinblick auf Europa anvertraut. Wir haben keine Wirtschaftsrezepte oder politischen Programme vorzuschlagen, aber wir haben eine Botschaft, eine Frohbotschaft zu verkünden. Es wird auch von uns abhängen, ob Europa sich in seine kleinen zeitlichen Bestrebungen, in seine Egoismen einschliesst und der Angst und Bedeutungslosigkeit erliegt, weil es auf seine Berufung und seine Rolle in der Geschichte verzichtet, oder ob es in der Kultur des Lebens, der Liebe und der Hoffnung seine Seele wiederfindet.»[21]

Für die Wahrheit in der Daseinstatsächlichkeit gibt es keine Zufälle. Auch die Zufallstheorien der Darwinisten sind kein Zufall. Wenn sie Zufall wären, wären sie zufällig richtig oder falsch. Da nach der Zufallstheorie auch der Geist als ein Produkt des zufällig entstandenen Gehirns der Darwinisten ein Zufall wäre, sind die Zufallstheorien sicher falsch. Ein Zufalls-«Spiel»[22] kann keine Grundlage für eine Wissenschaft sein, deshalb sind die verschiedenen Darwinismen – wenn mit ihnen gesellschaftliche Wirksamkeit angestrebt wird – blosse Ideologien. Unser Geist reicht nicht aus, um zu begreifen, dass ohne den Willen Gottes kein Sperling vom Dach fällt, dass sogar die Haare auf unseren Köpfen gezählt sind (Mt 10,29–30). Die Ratio René Descartes' ist viel zu eng, es bedarf der Herzenslogik des Blaise Pascal. Deshalb sollen wir mit dem Herzen vollkommen werden. Der Kopf reicht dafür bei weitem nicht aus. «Christen sind einfältig»[23] heisst ein Titel des Theologen Hans Urs von Balthasar, wo mit philosophischer Schärfe und theologischer Liebe das Wort Jesu «Ich preise dich Vater, Herr des Himmels und der Erde, dass du dieses vor Weisen und Klugen verborgen, Unmündigen aber geoffenbart hast» (Mt 11,25) und das Wort Pauli «Gott hat das für die Welt Törichte auserwählt, um die Weisen zu beschämen» (1 Kor 1,27) zur Darstellung gebracht wird. Es geht dem Verfasser nicht darum, klug und weise über die Einfalt zu reden, sondern deren wahres Wesen aus verzerrenden Masken zu befreien. Dabei tritt das unterscheidend Christliche deutlich hervor.[24]

In der Anerkennung der Kraft des Herzens und der Unzulänglichkeit des Kopfes besteht die Demut des gläubig gewordenen Thomas. Im Herzen findet die Grösse des Alls Raum, weil das Herz die Potenz des Kopfes umfasst, weil sein Raum weiter ist als die von der Materie aufgespannte Raum-Zeit-Dimension der Diesseitigkeit. Im Zentrum des Christentums, im Herzen Christi, ist das Geheimnis von der Heiligen Trinität Gottes verborgen, welches auch das Geheimnis der Welt-Werdung ist. «Der Herr der Ewigkeit, welcher Jehovah ist, hat das Weltall und alle seine Teile aus sich selbst und nicht aus Nichts erschaffen», sagt der Gnostiker Emanuel Swedenborg, der mit seiner Hellsichtigkeit manchem Zeitgenossen unheimlich war.[25]

Im Gegensatz zu einem Gnostiker ist ein Heiliger nie unheimlich; ein Gnostiker lehrt kaltes Wissen, ein Heiliger lebt warme Weisheit.

Die Gnostiker sind Kopfmenschen, die Heiligen Herzensmenschen, was nicht ausschliesst, dass sie wie Augustinus, Thomas von Aquin oder Giovanni Don Bosco von überragender Intelligenz sein können. Die Trinität Gottes ist das Unbegreifliche in der Ahnung von der Wirklichkeit des Jenseitigen, eine Wirklichkeit, die im Diesseits bis hinunter zur Materie gestaltend wirkt. So hat einer der grössten Physiker des 19. Jahrhunderts, James Clerk Maxwell, die entscheidenden Gedanken für seine Entdeckung der elektromagnetischen Lichttheorie in der Herzenstiefe seiner christlichen Religiosität gefunden. Dazu Hugo Staudinger: «Das Verhältnis zwischen Schöpfer und Schöpfung ist offensichtlich differenzierter, als es die Vertreter einer Deus-ex-machina-Theorie, aber auch differenzierter, als es die Deisten und Deterministen annehmen. Zur Verdeutlichung sei auf die bemerkenswerte Tatsache hingewiesen, dass Kenntnis und Berücksichtigung geoffenbarter Wahrheiten offensichtlich eher zu einer grösseren wissenschaftlichen Klarheit und zu einem angemesseneren Verständnis der Realität führen als die Position des methodischen Atheismus. Leider ist in Deutschland wenig bekannt, dass der Übergang von der deterministisch-mechanistischen Konzeption der klassischen Naturwissenschaften zur flexiblen Feldtheorie der modernen Physik nicht zuletzt aus der Kraft einer religiösen Überzeugung erfolgte. Es ist die grundlegende Überzeugung, dass es in allen Bereichen der Wirklichkeit eine Analogie zwischen dem Schöpfer und seiner Schöpfung geben müsse. Den Ausgangspunkt der Analogie bildete bemerkenswerter Weise die Trinitätslehre: Wie die drei göttlichen Personen nicht als getrennte Individuen betrachtet werden dürfen, die durch äussere Beziehungen in einem starren System gegenseitiger Einwirkung aufeinander stehen, so dürfen dieser Analogie entsprechend auch die geschaffenen Dinge nicht isoliert gesehen werden. Dieser Grundgedanke erfüllte den in der theologischen Tradition des Richard von St. Victor und Duns Scotus stehenden James Clerk Maxwell. Angesichts der Einheit der Schöpfung konnte er sich nicht vorstellen, dass es im Gegensatz zum personalen Bereich im Bereich der Materie angemessen sei, die einzelnen Teile so zu betrachten, als wenn sie isoliert ihren Eigenstand hätten und sich dann erst nachträglich in mechanische Beziehung zueinander setzten. Er war vielmehr der Überzeugung, dass in Analogie zu personalen Bezogenheiten auch die Beziehungen zwischen den Teilchen der Materie Wesensmerkmale der Teilchen selbst seien. Diese letzten Endes religiöse Überzeugung war für ihn der wichtigste Impuls, seine Feldtheorie zu entwickeln, die nach dem Zeugnis Einsteins als der bahnbrechende Durchbruch auf dem Weg von der klassischen zur modernen Naturwissenschaft betrachtet werden muss.»[26]

Die beiden als Astrophysiker in der Fachwelt international bekannten Bernhard und Karl Philberth beziehen sich mit ihren Werken «Der Dreieine»[27] und «Das All – Physik des Kosmos»[28] direkt auf die Trinität Gottes. Sie sehen die Physik trinitarisch: «Wie das Sein, hat auch die Physik drei komplementäre Komponenten: die Aktualität der Wechselwirkungen wird von der Quantenphysik, die Essentialität der Grössenverhältnisse wird von der Relativitätsphysik, die Existentialität der Elementar- und Weltgrössen wird von der Existenzphysik – einer Physik des Daseins – erfasst.» Um so erstaunlicher ist die Haltung von Kopf-Theologen, über welche sich der Ordinarius für Systematische Theologie an der Universität Basel, Jan Milič Lochman, in einem Vortrag mit dem Titel «Mitleiden, Mittragen, Mitstreiten: Geistesgeschichtliche Voraussetzungen der Solidarität» anlässlich des «Universitäts-Forums 1983» beklagte: «Manche Theologen sprechen nur ‹zähneknirschend› von der Trinität.» Man versteht die Sehnsucht der gottgläubigen Naturwissenschaftler nach Herzens-Theologen – nach Priestern Christi. Gott sei Dank wächst die Zahl dieser Priester. Die Zahl der Herzens-Theologen wächst in dem Mass, wie die Zahl der materialistischen Naturwissenschaftler abnimmt, weil die Ursache des Wissenschaftlerhochmuts der Theologenhochmut ist. Es ist schwer, Priester zu sein. Jeder, der einem Priester Christi einen Vorwurf macht, sollte daran denken, dass es der Priester in den meisten Fällen schwerer hat, als jene, die ihm einen Vorwurf machen. Wer sich bemüht, franziskanisch zu leben, wird mit den Vorwürfen bei sich selbst anfangen und dabei kaum noch Zeit finden, bei anderen Fehler zu suchen.

Die Theologen einer «Gott-ist-tot-Theologie» schliessen von sich auf andere, wenn sie sagen, Gott sei für den modernen Menschen nicht mehr akzeptabel. Die Sehnsucht nach Priestern steigert sich bei religiösen Naturwissenschaftlern zu einem flammenden Schmerz, wenn sie von wissenschaftsgläubigen Theologen hören, dass auf Grund wissenschaftlicher Erkenntnisse die Existenz einer unsterblichen Seele ausgeschlossen werden müsse. Jene Theologen, die bei der modernen Naturwissenschaft anfragen, ob diese oder jene theologische Folgerung wissenschaftlich haltbar sei, werden nicht umhinkönnen, einzusehen, dass es keine unsterbliche Seele gibt, weil das, was heute als moderne Naturwissenschaft gilt, an den Primat der Materie glaubt. Treffende Darstellungen zu diesem Problem in den modernen beziehungsweise modernistischen Theologien finden wir im Werk[29] des Dominikanerpaters Norbert A. Luyten, ehemals Ordinarius für Philosophie an der Universität Freiburg (Schweiz): «Dass der Philosoph sich mit solchen Überlegungen nicht in abwegige Gedankenkonstruktionen verirrt, bezeugt die weitverbreitete, in allen Kulturen nachweisbare Überzeugung, mit dem Tod sei nicht schlechthin alles aus. Natürlich darf der Philosoph diese ziemlich allgemeine Überzeugung der Menschheit nicht als Beweis für ein Leben nach dem Tode – wie es paradoxal heisst – gelten lassen. Das könnte einfach ein Wunschdenken sein. Wohl aber muss es ihm zu denken geben, wie ein solches Wunschdenken überhaupt möglich ist. Irgendeinen Grund muss das haben, und es ist nicht von vornherein evident, dass dieser nur philosophischer Natur sei. Ob es aber dem philosophischen Denken gelingt, diese Unsterblichkeitsüberzeugung stichhaltig zu begründen, ist eine andere Frage. Scharfe Denker wie zum Beispiel Cajetan haben gemeint, hier eine negative Antwort geben zu müssen. Hier sei das philosophische Denken überfordert und müsse seine Ohnmacht bekennen. Nur die Theologie mit ihrem Offenbarungswissen könne uns hier weiterhelfen und von einem Leben nach dem Tod, von einer Unsterblichkeit berichten. Hier würde die philosophische Besinnung also an eine unüberwindbare Grenze stossen. Gerade hier hat im heutigen theologischen Denken eine merkwürdige Umkehr stattgefunden. Die Theologie, so heisst es, wisse nichts von einer Unsterblichkeit. Die Lehre von einem Leben nach dem Tode sei eine philosophische, platonische These, die gänzlich zu Unrecht für christliches Gedankengut gehalten werde. O. Cullmann spricht in diesem Zusammenhang von ‹einem der grössten Missverständnisse des Christentums› [30], während mein Confrater Schillebeeckx sogar so weit geht, zu behaupten, der Begriff Unsterblichkeit sei unchristlich. Begründet wird diese Aussage mit dem Hinweis darauf, dass die Offenbarung von Auferstehung, nicht von Unsterblichkeit spricht. Diese exegetisch-theologische Frage interessiert uns hier in unserem philosophischen Kontext weniger. Wo dann daran aber die Behauptung geknüpft wird, der Mensch sei ganz sterblich, kommen eher philosophische als theologische Überlegungen zum Zuge. Und die bringen uns von der Theologie her zum Kern des philosophisch-anthropologischen Problems. Ausdrücklich beruft sich der evangelische Theologe W. Pannenberg auf ‹die moderne Anthropologie›, um seine Behauptung der Totalsterblichkeit des Menschen zu untermauern. Er führt aus, wie durch die moderne anthropologische Forschung die herkömmliche Auffassung einer Leib-Seele-Struktur des Menschen hinfällig geworden sei. Er schreibt: ‹Es gibt keine dem Leib gegenüber selbständige Wirklichkeit ‹Seele› im Menschen, ebensowenig aber auch einen bloss mechanischen oder bewusstlos bewegten Körper. Beides sind Abstraktionen. Wirklich ist nur die Einheit des sich bewegenden, sich zur Welt verhaltenden Lebewesens Mensch. Damit ist dem Gedanken einer Unsterblichkeit der Seele die Grundlage entzogen. Wenn es gar keine besondere Seele, die wesenhaft vom Leibe unterschieden und selbständig ihm gegenüber wäre, gibt, dann erübrigt sich selbstverständlich auch die Frage nach ihrer etwaigen Unsterblichkeit … Der Tod bedeutet das Ende für alles, was wir sind.› [31] Und er fügt hinzu: ‹Man kann die einschneidende Bedeutung dieser Wandlung, die durch die moderne Anthropologie erfolgt ist, kaum überschätzen. Die meisten Gedanken über den menschlichen Geist, die auch das neuzeitliche Denken noch wie selbstverständlich bestimmt haben, sind uns in unerreichbare Ferne gerückt.› [31] Das ist klare Sprache. Ob die gegebene Begründung der hier vertretenen These ebenso klar und überzeugend ist, steht auf einem anderen Blatt.» [32]

Der Schaden, den solche Theologen anrichten, ist unermesslich. Wie schon gesagt: Für einen Wissenschaftler gibt es nichts Unglaubwürdigeres als einen Theologen, der an die Wissenschaft glaubt. Wenn man die Aussagen von Herrn Pannenberg mit jenen des Gehirnforschers und Nobelpreisträgers John C. Eccles vergleicht, so ist die Situation in Hinsicht auf den vom Theologen angerichteten Schaden an den Seelen vieler Menschen erschütternd: Auf Grund seiner lebenslangen Forschungen als Neurologe und Gehirnphysiologe glaubt Sir John Eccles an die Existenz einer vom Körper unabhängigen, unsterblichen Seele.[33]

Wir haben gesehen: Der wissenschaftsgläubige Theologe baut seine Ansichten auf die Meinungen der modernen Naturwissenschaftler, welche ausschliesslich nach dem Wie fragen und das Know-how als die für den Materialismus hinreichende Antwort anbieten. Das Seelen-Körper-Problem aber ist mindestens eine Was-Frage, eine philosophische Frage also, zu der die moderne Naturwissenschaft leider keine Antwort geben kann, weil sie sich um der materiellen Verfügbarkeit willen entphilosophiert hat. Philosophie ist niemals verfügbar; wenn sie über sich verfügen lässt, entartet sie zu Ideologie. Die moderne Anthropologie weiss vom Eigentlichen des Körper-Seele-Problems nichts Wesentliches mehr, als die Apostel zur Zeit Christi gewusst haben. Und zwar deshalb, weil das Mehr der modernen Anthropologie nur in Wie-Antworten besteht; die Was- und erst recht die Wer-Antworten fehlen. In der Theologie ist das Wer die entscheidende Frage und die Antwort: Gott. Die Frage «Was ist Wahrheit?» des Pilatus hat Christus nicht beantwortet, weil der Römer die Frage philosophisch, also zu niedrig angesetzt hatte. Die hinreichende Frage, die theologische «Wer ist Wahrheit?», hat Christus seinen Jüngern bereits beantwortet: «Ich bin der Weg und die Wahrheit und das Leben» (Joh 14,6). Zur Beantwortung der Wer-Frage waren die Apostel den Theologen, welche sich auf die moderne Naturwissenschaft beziehen, weit überlegen. Von einem Fortschritt kann da keine Rede sein – im Gegenteil. Die durch ihre dialektische Relativierung der Wahrheit bedingte Verarmung der modernistischen Theologie ist erschreckend. Eine entsprechende Situation herrscht am Ort, auf den sich diese Theologen beziehen: bei der modernen Naturwissenschaft. Die Chemie und Physik haben ein schier unüberschaubares Wissen zur Frage: «Wie ist Materie?» angehäuft. Jedoch weiss die moderne Naturwissenschaft zur philosophischen Frage «Was ist Materie?» weniger zu sagen als beispielsweise Aristoteles.[29]

Sehr wohl ist die moderne Naturwissenschaft aus der Was-Frage hervorgegangen, aber das was-lose Wie hat gesiegt, weil dessen Antwort, das Know-how, materielle Macht gebracht hat. Die entphilosophierte Naturwissenschaft wurde für die Potentaten verfügbar. Philosophie und Wissenschaft sind – wenn sie ihren Namen verdienen – nie verfügbar. Ein gewöhnlicher Diplomphysiker weiss heute tausendmal mehr von Physik, als Galilei gewusst hat, aber Galilei verstand vielmehr von Physik als dieser Wisser. Galilei lebte aus der Was-Frage, den Washeiten (quidditates) des Thomas von Aquin, indem er die Wie-Frage abtrennte und die Naturwissenschaft auf diese reduzierte. Darin besteht die schon besprochene Sünde des Galilei, die Spaltung, die in die Sackgasse des Materialismus führte, weil das Wie im Was enthalten, die Quantität ein Attribut der Qualität ist und nicht umgekehrt (wie die Materialisten zu behaupten gezwungen sind). Wer in einer Sackgasse ist, braucht nicht bis zum Ende zu gehen, um umzukehren. Wegen ihrer Entphilosophierung merkt die materialistische Naturwissenschaft nicht, dass sie sich in einer Sackgasse befindet; weil bloss physikalisch-chemisch und nicht *über* Chemie und Physik gedacht wird. Weil die Sackgasse eine Zenon-Sackgasse ist, weil mit immer grösseren Maschinen immer kleinere Teilchen gemacht werden können, wird das Ende der Sackgasse nicht in einem Mangel an Aktionsmöglichkeiten, sondern – wie wir gesehen haben – in einem Mangel an Geld bestehen: die moderne Naturwissenschaft wird bald nicht mehr zu bezahlen sein. Der Preis der Sünde des Galilei, der Einschränkung der Naturwissenschaft auf das Mess- und Berechenbare, ist sehr hoch: Tod durch den Zwang des Messenmüssens von Unmessbarkeiten. Auf diesen Tod seien jene Theologen hingewiesen, die auf Grund moderner wissenschaftlicher Erkenntnisse von einem Tod der unsterblichen Seele des Menschen sprechen.

Alles Wissen, auch das Wissen der Wissenschaft, beruht auf dem Geheimnis des Glaubens, dessen Kern die Frage «Wer bin ich?» ist. Ein Geheimnis, das in der Liebesbeziehung zu Gott Offenbarung wird, als erkennbares Zeichen der Liebe, die uns Christus zusammen mit der Freiheit geschenkt hat. Zur Erinnerung – ganz im tiefsten Sinne des Wortes: zur Er-Innerung, dass Freiheit niemals ohne Liebe sein darf, hat Christus beim Letzten Abendmahl die Eucharistie eingesetzt: «Während des Mahles aber nahm Jesus Brot, sprach das Segensgebet, brach es und gab es den Jüngern mit den Worten: ‹Nehmet, esset, das ist mein Leib.› Und er nahm den Kelch, sprach das Dankgebet und gab ihn ihnen mit den Worten: ‹Trinket alle daraus! Denn das ist mein Blut des Bundes, das für viele vergossen wird zur Vergebung der Sünden. Ich sage euch aber: Von nun an werde ich nicht mehr von dieser Frucht des Weinstocks trinken bis zu jenem Tag, da ich sie neu mit euch trinken werde im Reiche meines Vaters.›» (Mt 26,26–29). Das tägliche Tischgebet sollte uns an die Einsetzung des Allerheiligsten Altarssakramentes erinnern: Herr Jesus Christus, wir danken Dir, dass Du unser Gast bist, und dass Du einst auf Erden gelebt und an den Tischen der Menschen gegessen hast. Wir danken Dir, dass Du uns bei Deinem Letzten Abendmahl zu Deinem Gedächtnis das Brot des ewigen Lebens gegeben hast.

Das Brot, das Christus berührt und gebrochen hat, ist nicht mehr gewöhnliches Brot gewesen. Da er es mit den heiligen Händen seines Leibes – dem fleischgewordenen Wort – beim Sprechen seiner Worte berührt hat, ist es sein Leib geworden, wie die von ihm eingesetzte Kirche sein Leib ist. Physikalisch-chemisch sind nur die Quantitäten der Materie messbar, nicht ihre Qualitäten. Dasjenige, das Gold zu Gold, Salz zu Salz oder Brot zu Brot macht – eben die Stoffqualitäten – stehen über dem physikalisch-chemisch Messbaren. Wenn die Qualitäten auch nicht messbar sind, so sind sie doch sinnlich wahrnehmbar. Ein Teil der Stoffqualitäten entspricht den mit den Methoden der Chemie (nicht der Physik) feststellbaren chemischen Eigenschaften der Stoffe. Es gibt aber Qualitäten der Materie, die über den chemischen Qualitäten stehen. Eine solche Qualität höherer Ordnung ist zum Beispiel der Umstand, dass ein Stück Materie von einem ganz bestimmten Menschen berührt worden ist oder sogar vom Körper eines ganz bestimmten Menschen stammt. Obwohl mit physikalisch-chemischen Instrumenten solche Qualitäten höherer Ordnung nicht feststellbar sind (weil die physikalisch-chemisch messbare Materie bloss Träger dieser Wesenheiten ist), gibt es Menschen, die solche Qualitäten erkennen können. Im Zeitalter des Materialismus sind es nicht viele – früher waren es viel mehr. Im Bereich dieser Qualitäten höherer Ordnung wird in der höchstmöglichen Steigerung der über der Chemie stehenden Materiequalitäten das Brot in der Eucharistie in den Leib Christi verwandelt. Bei der Einsetzung des Altarssakraments hat Christus durch seinen göttlichen Willen das Brot bei der Berührung mit seinen heiligen Händen in seinen Leib verwandelt. Bei jeder Messfeier wandelt der Priester als geweihter Nachfolger Christi durch den Willen Christi bei der Berührung und den Wandlungsworten mit seinen durch das Sakrament der Priesterweihe unwiderruflich geweihten Händen – «Tu es sacerdos in aeternum» – im Gedächtnis an das Erdendasein Christi das Brot in dessen Leib. Seit dem Letzten Abendmahl wurde die Berührung des Brotes durch die Hände Christi in ununterbrochener Folge von Bischof zu Bischof an die Priester weitergegeben bis zum heutigen Tag, und sie wird weitergegeben werden bis zum Jüngsten Tag: «Tu es Petrus et super hanc Petram aedificabo Ecclesiam meam. – Du bist Petrus, und auf diesem Felsen will ich meine Kirche bauen» (Mt 16,18). Die Emmausjünger erkannten den Auferstandenen an der Berührung des Brotes – am Brotbrechen: «Und es geschah, als er mit ihnen zu Tisch war, nahm er das Brot, sprach das Segensgebet, brach es und gab es ihnen. Da wurden ihnen die Augen aufgetan, und sie erkannten ihn; er aber entschwand vor ihnen» (Lk 24,30–31). Der Priester soll die Eucharistie so feiern, dass sich die Augen der Gemeinde öffnen, dass sie Christus mit dem Herzen sehen und ihn nach der Kommunion im Herzen tragen und mit dem Leib Christi in ihrem Leib beten, wie Thomas von Aquin mit seinem «Adoro te devote» gebetet hat:

> In Demut bet' ich Dich, verborg'ne Gottheit, an,
> Die Du den Schleier hier des Brotes umgetan.

> Mein Herz, das ganz in Dich anschauend sich versenkt,
> Sei ganz Dir untertan, sei ganz Dir hingeschenkt.

> Gesicht, Gefühl, Geschmack betrügen sich in Dir,
> Doch das Gehör verleiht den sichern Glauben mir.

> Was Gottes Sohn gesagt, das glaub' ich hier allein,
> Es ist der Wahrheit Wort, und was kann wahrer sein?

> Am Kreuzesstamme war die Gottheit nur verhüllt,
> Hier hüllt die Menschheit auch sich gnädig in ein Bild.

Doch beide glaubt mein Herz und sie bekennt mein Mund,
Wie einst der Schächer tat in seiner Todesstund'.

Die Wunden seh' ich nicht, wie Thomas einst sie sah,
Doch ruf' ich: Herr, mein Gott, Du bist wahrhaftig da!

O gib, dass immer mehr mein Glaub' lebendig sei,
Mach meine Hoffnung fest, mach meine Liebe treu.

O Denkmal meines Herrn an seinen bittern Tod,
O lebenspendendes und selbst lebend'ges Brot!

Gib, dass von Dir allein sich meine Seele nährt
Und Deine Liebe stets kräftiger erfährt.

O guter Pelikan, o Jesus, höchstes Gut!
Wasch rein mein unrein Herz mit Deinem teuern Blut;

Ein einz'ger Tropfen macht die ganze Erde neu,
Wäscht alle Sünden rein, stellt alle schuldenfrei.

O Jesus, den verhüllt jetzt nur das Auge sieht,
Wann stillst das Sehnen Du, das in der Brust mir glüht,

Dass wir enthüllt Dich schau'n von Angesicht
Und ewig selig sind in Deiner Glorie Licht?

Amen.

Wir gehen einer guten Zeit entgegen – einer Gotteszeit. Einer Zeit, die sich nicht mehr mit physikalisch-chemischen Erklärungen begnügt, welche völlig unzulänglich sind für das Verständnis des eucharistischen Geheimnisses. Die göttlichen Geheimnisse kann man nicht erklären, aber man kann sie verstehen – mit dem Herzen. Der Kopf reicht nicht aus, alle Wissenschaft ist dafür zu wenig. Wir gehen einer Zeit entgegen, wie sie Papst Johannes Paul II. in seiner Ansprache bei der Generalaudienz am 29. Dezember 1982 geschildert hat: «Wir haben am letzten Sonntag das Fest der Heiligen Familie von Nazaret gefeiert, des Vorbildes aller christlichen Familien. Für die Familie stellt sich ganz allgemein die Frage: Sind die Werte der Familie im Verfall? Gewinnen die Werte der Familie wieder an Kraft? Auch hier kann unsere Antwort des Glaubens nur eine Antwort der Hoffnung und eines gesunden christlichen Optimismus sein, der die Augen nicht vor der Schwere der echten mit ihr verbundenen Probleme schliesst, aber auch die Phänomene des Wachstums sieht; der aus den Schwierigkeiten, die gewisse Verfallserscheinungen liefern, die Gelegenheit zu einem entschiedenen Streben nach Heiligkeit und einem mutigen Zeugnis ergreift, auch in diesem grundlegenden Bereich des Lebens wie dem der Familie. Das liturgische Jahr mit seinen periodischen Festen will uns die Ecksteine des christlichen Denkens und Handelns in Erinnerung bringen und erleben lassen, und es ist deshalb ein unschätzbares Geschenk Gottes, der in der Geschichte gegenwärtig ist: ein Geschenk des Weihnachtsfestes könnte man sagen. Die liturgischen Feste stützen so unsere Treue zur Botschaft des Evangeliums und erlauben uns gleichzeitig, aus seiner unendlichen Kraft beständig Nutzen zu ziehen. Das Fest der Heiligen Familie ist einer dieser Lichtpunkte der Liturgie auf unserem Erdenweg. Durch sie können wir die Endbedeutung der Zeit erkennen und wie der am Kreuz erhöhte Christus in Wahrheit alles an sich zieht (vgl. Joh 12,32). Die Liturgie, von der wir in diesen Tagen einige besonders eindrucksvolle Momente erleben, zeigt uns so den Sinn der Zeit und Geschichte. Wenn in uns der Eindruck entsteht, das Böse wachse und triumphiere, führt sie uns durch das Geheimnis von Weihnachten zum Geheimnis des Kreuzes hin. Nein, das Böse wächst nicht: die Prüfungen mehren sich. Und nachdem Gott uns mit den Prüfungen auch die Kraft gibt, sie zu bestehen (vgl. 1 Kor 10,13), wird die Überhandnahme des Bösen, das uns treffen und verführen will, sich in den Überfluss des Guten und der Herrlichkeit verwandeln. Deshalb konnte Paulus sagen, dass ‹wo die Sünde mächtig wurde, die Gnade übergross ist› (Röm 5,20). Im Lauf der Zeit wachsen die Angriffe gegen das Reich Gottes und gegen die, die Christus fromm folgen wollen. Aber auch die Gabe der Tapferkeit wächst, die ihnen vom Heiligen Geist geschenkt wurde, bis am Ende alles seine Lösung findet in dem Sieg, der denen vorbehalten ist, die ausharren. Das, liebe Schwestern und Brüder, ist die Sicht, mit der wir dem kommenden neuen Jahr entgegengehen müssen.»[34]

Wer als Christ den Sinn unseres Daseins auf Erden erkannt hat, weiss, dass alles Leiden einen Sinn hat. Er wird sich in den Zeiten des

Leidens der Freuden erinnern und das Leiden mit diesen Freuden tragen, weil er weiss, dass er auf dem Heimweg aller Heimwege ist. Kein Heimweg ist zu schwer. Wir sind auf dem Weg in die Heimat der Menschheit, die unvorstellbar schöner ist als der Weihnachtstraum eines glücklichen Kindes. Im verwirklichten Christentum wird die Menschheit die letzte Stufe ihrer Geschichte erreicht haben, dieses Weges nach dem himmlischen Jerusalem. Das verwirklichte Christentum als die Geschichtsepoche, an deren Ende Christus wiederkehrt und uns in die verklärte Welt führt, die Paulus der Gemeinde von Korinth schildert: «Was kein Auge gesehen und kein Ohr gehört hat und was in keines Menschen Herz gedrungen ist, alles, was Gott denen bereitet hat, die ihn lieben» (1 Kor 2,9). In dieser Welt der verwirklichten Wirklichkeit, deren Schönheit, Liebe und Frieden auch für den Traum des glücklichsten aller Kinder unvorstellbar ist, wird im Licht der Fülle von Gerechtigkeit und Wahrheit das Ansehen auch des letzten und vergessensten Menschen, der aber Gott mehr geliebt hat als sich selbst, tausendmal grösser sein als die Beachtung des berühmtesten und mächtigsten Menschen der Geschichte, der sich mehr geliebt hat als Gott. Dieses Geheimnis der verwirklichten Wirklichkeit lautet: «Der Grösste unter euch soll euer Diener sein. Wer aber sich selbst erhöht, der wird erniedrigt werden, und wer sich selbst erniedrigt, der wird erhöht werden» (Mt 23,11–12).

1 Alfred Locker: « ‹Evolution› – Sündenfall der Theologie» in «Theologisches», Nr. 156, Abensberg 1983.
2 Alfred Locker (Hrsg.): «Evolution – kritisch gesehen», Salzburg 1983.
3 Adolf Portmann: «Biologische Fragmente zu einer Lehre vom Menschen», Basel 1951.
4 Zitiert aus «Evangelium und Wissenschaft», Nr. 8, Einhausen 1983.

5 Joachim Illies: «Der Jahrhundert-Irrtum, Würdigung und Kritik des Darwinismus», Frankfurt a.M. 1983.

6 Wolfgang Kuhn: «Teilhard de Chardin und die Biologie», in «Stimmen der Zeit» 11, 1962/63.

7 Rupert Riedl: «Biologie der Erkenntnis», Hamburg 1980.

8 Hoimar von Ditfurth: «Wir sind nicht nur von dieser Welt», Hamburg 1981.

9 Julian Huxley: «Ich sehe den künftigen Menschen», München 1965.

10 Wolfgang Kuhn: «Darwinismus als Wegbereiter des Neofaschismus» in «Theologisches», Nr. 154, Abensberg 1983.

11 Herbert Haag: «Abschied vom Teufel», Einsiedeln 1978.

12 Clive Staples Lewis: «Was der Laie blökt», Einsiedeln 1977.

13 Dietrich Bonhoeffer zitiert nach J.A.T.Robinson: «Eine neue Reformation», München 1965.

14 Johannes Hufschmidt: «Theologie und naturwissenschaftliches Weltbild – Verwahrungen eines Laien gegen eine Theologie des Zumutbaren», unveröffentlicht.

15 Karl Rahner: «Schriften zur Theologie», Bd. 10, S. 553, Zürich 1972.

16 Hermann Lübbe: «Zur aktuellen Zivilisationskritik; über Tendenzen zur Flucht aus der Gegenwart» in «Sandoz-Bulletin 65», Basel 1983.

17 Emil Boutroux: «De la contingence des lois de la nature», Paris 1895.

18 Romano Guardini: «Der Herr», Freiburg i. Br. 1980.

19 Jan Patocka: «Die Philosophie der Erziehung des J.A.Comenius», Paderborn 1971.

20 Jan Milič Lochman: «Comenius», Freiburg/Schweiz 1982.

21 Papst Johannes Paul II. in «L'Osservatore Romano», Wochenausgabe in deutscher Sprache, Nr. 43/1982.

22 Manfred Eigen und Ruthild Winkler: «Das Spiel – Naturgesetze steuern den Zufall», München 1975.

23 Hans Urs von Balthasar: «Christen sind einfältig», Einsiedeln 1983.

24 Vergleiche auch die Offenbarungen der Adrienne von Speyr z.B. in «Der Epheserbrief», Neuauflage, Einsiedeln 1983; das Werk der Seherin wurde von ihrem priesterlichen Betreuer Hans Urs von Balthasar kommentiert und herausgegeben.

25 Emanuel Swedenborg: «Die göttliche Liebe und Weisheit», Swedenborg Verlag Zürich.

26 Hugo Staudinger: «Die Frankfurter Schule – Menetekel der Gegenwart und Herausforderung an die christliche Theologie», Würzburg 1982.

27 Bernhard Philberth: «Der Dreieine», Stein am Rhein 1976.

28 Bernhard und Karl Philberth: «Das All – Physik des Kosmos», Stein am Rhein 1982.

29 Norbert A.Luyten: «Ordo rerum», Freiburg/Schweiz 1969.

30 O.Cullmann: «Unsterblichkeit der Seele oder Auferstehung der Toten?», Stuttgart-Berlin 1962.

31 W.Pannenberg: «Was ist der Mensch? – Die Anthropologie der Gegenwart im Lichte der Theologie», Göttingen 1962.

32 Norbert A.Luyten: «Der Tod als Problem der philosophischen «Anthropologie», in «Der Deutsche Apotheker» 11/1982.

33 Karl R.Popper, John C.Eccles: «Das Ich und sein Gehirn», München 1982.

34 Papst Johannes Paul II. in «L'Osservatore Romano», Wochenausgabe in deutscher Sprache, Nr. 1/1983.

Namensverzeichnis

Werke von Max Thürkauf

Die moderne Naturwissenschaft
und ihre soziale Heilslehre — der Marxismus

Das Fundament der Ideologie – der naturwissenschaftliche Materialismus – ist unhaltbar, Novalis-Verlag, CH-8201 Schaffhausen
296 Seiten, DM 28.— / Fr. 24.80

Die heutige Gesellschaft wird von materialistischen Weltbildern geprägt und durch
deren Atheismus zersetzt. Das gemeinsame Fundament aller materialistischen Ideologien ist der naturwissenschaftliche Materialismus. Im vorliegenden Werk geht es darum, unter Bezugnahme auf den im Marxismus politisch wirksam gewordenen dialektischen Materialismus die Unhaltbarkeit des Fundaments – des naturwissenschaftlichen Materialismus – aufzuzeigen. Auf eine Diskussion der Feinstruktur des Marxismus wird verzichtet, weil das Gebäude nicht mehr wert sein kann als sein Fundament.

Adams Äpfel —
giftige Früchte vom Baum der Wissenschaft

Verlag Meier/Novalis, CH-8201 Schaffhausen
194 Seiten, gebunden, DM 34.— / Fr. 29.80

Die moderne Naturwissenschaft ist aus der Befreiung entstanden, die Christus den
Menschen gebracht hat. Die Tragödie des christlichen Abendlandes besteht in der Tat-
sache, dass die Menschen sehr wohl die Freiheit Christi wollen, nicht aber seine Liebe.
So entstand die sogenannte wertfreie Wissenschaft mit ihrer Freiheit von Gott statt für
Gott – von Verantwortung statt für Verantwortung. Alles, was technisch möglich ist,
wird gemacht. Die Frage nach Ethik und Moral steht bestenfalls an zweiter Stelle.

Ein Buch von Joachim Illies zu diesem Thema:

Der Jahrhundert-Irrtum —
Würdigung und Kritik des Darwinismus

von Joachim Illies mit einem Vorwort von Max Thürkauf
Umschau Verlag, Frankfurt am Main 1983
200 Seiten, 29 Abbildungen, DM 28.— / Fr. 25.—

In diesem Buch wird das eigentliche Anliegen des Biologen und Philosophen Illies
deutlich: die Verteidigung des Menschenbildes als Ebenbild Gottes gegen die Ent-
menschlichung durch den naturwissenschaftlichen Materialismus. Wie in allen philosophischen Werken von Joachim Illies führt auch in diesem seinem letzten Buch die
Substanz seiner wissenschaftlichen und philosophischen Betrachtungen über die Wissenschaft und Philosophie hinaus in den Bereich religiöser Dimensionen.